Stb

Ein Schwitzhüttenritual ersetzt keine ärztliche, heilpraktische oder therapeutische Behandlung. Weder die Autorin noch der Verlag können für eventuelle Folgen, die sich aus den im Buch gemachten praktischen Hinweisen ergeben, eine Haftung übernehmen.

Als Vorlage diente die gleichnamige im Veth Verlag erschienene Ausgabe des Buchs.

ISBN 978-3-8434-3018-0

1. Auflage Juni 2012

Umschlag: Murat Karaçay, Schirner,
unter Verwendung eines Bildes von Murat Karaçay
Redaktion: Barbara Rave, Schirner
Satz: Heike Wietelmann, Schirner
Printed by: ren medien, Filderstadt, Germany

www.schirner.com

Sabrina Dengel

Im Bauch unserer Mutter Erde

Schwitzritual

Reinigungszeremonie

Neugeburt

Stb

Dieses Buch widme ich
allen Völkern und Wesen,
die seit Anbeginn des Lebens
mutig und liebend wirken,
Wissen und Weisheit bewahren,
und bereit sind, diese auch zu teilen.

Dieses Buch habe ich, Sabrina, hier in dieser alltäglichen Welt zu Papier gebracht. Jedoch hat Nanabuc, ein mitfühlendes, den Menschen wohlgesinntes Geistwesen, dieses Buch geschrieben. Nanabuc ist eine Hebamme der Schöpfung, aus dem Volk der *Nina Runa*, den Feuermenschen, den Hütern der Schöpfung und all ihrer Wesen.

Inhalt

Wie Lava, wie flüssiges Feuer,
sind die Worte für dieses Buch
aus meinen Fingern geflossen,
ungebremst, bis die Texte fertig waren.

Vorwort

von Heidi Gschwandler

Dieses Buch ist eine Reflektion der persönlichen Erfahrung. Es ist ein Leitfaden für all jene, die sich für einen archaischen Weg zurück zu den eigenen Wurzeln entschlossen haben. Leitung und Führung einer Schwitzhütte, angepasst an die heutige Zeit, sowie Herkunft und Geschichte der Schwitzhütte sind Inhalt dieses Buchs. Vor allem aber reflektiert es die engagierte Arbeit einer authentischen, starken und spirituellen Frau.

Es ist für unsere Zivilisation ein großes Geschenk der *Spirits*, dass die Schwitzhütte den Weg zurück zu uns gefunden hat. Couragierte Menschen, auf der Suche nach wahrer Spiritualität, berührt von den Geistern und Wesen unserer beseelten Natur, haben es uns möglich gemacht, dieses machtvolle Ritual wieder zu erlernen und durchzuführen. Zurückgekehrt in den Bauch von Mutter Erde eröffnen sich dem Menschen unvorstellbare Möglichkeiten der körperlichen, seelischen und geistigen Reinigung, oft mit tief greifenden Veränderungen im persönlichen Leben. Dies kann mitunter heftige Reaktionen auslösen, mit denen umzugehen nicht immer ganz einfach ist, dennoch sind diese Erfahrungen vor allem eines: heilsam!

Meine persönlichen Schwitzhüttenerfahrungen sind alle durchweg positiver Natur. Grundvoraussetzung dafür sind inspirierte Schwitzhüttenleiter, die sich von den *Spirits* führen lassen und fähig sind, das eigene Ego auszuschalten. Großes Glück widerfuhr mir, als ich Sabrina kennenlernte (wahrscheinlich, so meine Vermutung, geführt von Kobolden), und ich mich anschließend entschloss, bei ihr eine Schwitzhüttenausbildung zu absolvieren. Sabrina ist eine ausgezeichnete Lehrerin und in ihrem Handeln und Tun absolut authentisch. Sie leistet Hervorragendes bei der spirituellen Arbeit mit uns Frauen, denn sie lässt uns unseren Wurzeln näherkommen und uns unsere Verbundenheit mit der Urfrau wieder spüren. Da ist nichts Krampfhaftes oder Gekünsteltes, Sabrina nimmt mit ihren *Spirits*, Ahnen und geistigen Führern Verbindung auf, man spürt die Gegenwart der Wesenheiten, fühlt sich geborgen – und alles ist gut.

Heidi Gschwandler, Oktober 2009

Persönliche Erzählung zur Schwitzhütte und zum Widerstand indigener Völker Nordamerikas

Seit über 15 Jahren besuche ich Schwitzhütten verschiedenster Leiter. Im Jahr 2000 begann ich, selbst Schwitzhütten zu leiten. Sieben Jahre zuvor begegnete mir ein Lakota vom Clan der *Oglala Sioux* aus South Dakota. Einige Jahre lang verbrachte er immer wieder die Zeit von Ende September bis Ende Mai als Sprecher seines Volkes in Europa. Neben vielen Vorträgen und Informationsveranstaltungen sprach er auch mehrere Male für die Rechte seines Volkes vor der UNO-Menschenrechtsversammlung in Genf. Viele Jahre lang durfte ich ein Stück meines Weges mit ihm gehen und dabei immer mehr Aufgaben rund um das Schwitzhüttenritual übernehmen. Ich war Platzhüterin und Feuerfrau, assistierte ihm in der Hütte und betreute die Teilnehmer vor und nach der Schwitzhütte.

In dieser Zeit begegneten mir immer mehr Menschen, die Schwitzrituale durchführten. Ich erlebte Erdhütten im keltisch-alamannischen Stil ebenso wie andere europäische Schwitzhütten, die mit viel Achtung und Respekt vor der Schöpfung, angelehnt an indigene Traditionen vor allem aus Nordamerika, durchgeführt wurden. Mein Lakota-Freund Buckshoot erzählte mir sehr viel über sein Volk und dessen Spiritualität. Er war dabei immer darauf bedacht, mir zu vermitteln, dass er sich selbst als *Erinnerer* für die Menschen sah. »Ich kann in dir die Erinnerung an all das, was war, und was ihr vergessen habt, wiedererwecken. Ich kann euch die Knochen geben, die ein Gerüst bilden, doch das Fleisch müsst ihr selbst daraufgeben, auch die Muskeln und die Haut, damit ein lebendiges Wesen im Ritual entstehen kann.« Mir war klar, dass ich als Europäerin ein Ritual eines indigenen nordamerikanischen Volkes niemals eins zu eins würde übernehmen können. Mir fehlte der kulturelle, spirituelle und soziale Hintergrund dazu. Wie ich später noch erzählen werde, versuchte ich vor vielen Jahren einmal ein solches Ritual – es endete fatal.

Im Frühjahr 2000 brachte ich meinen Lakota-Freund zum Flughafen. Er machte sich wieder auf den Weg in seine Heimat, um an den Sonnentänzen teilzunehmen. Am Flughafen angekommen, grinste er mich liebevoll und frech an und sagte: »Wenn ich im Herbst wiederkomme, möchte ich, dass du über den Sommer vier Hütten aufgegossen hast.« Bis zu diesem Zeitpunkt hatte ich mir – aufgrund einer früheren Erfahrung – keine Gedanken darüber gemacht, diese Zeremonie selbst durchzuführen. Ich war daher ziemlich überfordert.

In den Wochen und Monaten danach ergab es sich aber, dass ich von einem sehr lieben Menschen in ein Sommercamp eingeladen wurde, zu Ulla und Roland Scholz nach Deutschland in die Eifel ins Forsthaus Scheuren. Dort erlebte ich eine sehr schöne und intensive Campwoche mit Menschen aus ganz verschiedenen spirituellen Richtungen, jedoch vorwiegend geprägt von den Zeremonien nordamerikanischer *Natives*, im Stil der *Crow Nation* aus Montana. Hier erlebte ich Schwitzhütten, bei denen die Gebete auf Deutsch gesprochen wurden. Die Leiter führten ihre Zeremonien ohne »indianische« Worte durch, und die Lieder waren Chantings und Mantren aus der ganzen Welt. Ich lernte Lieder, die für mich als Europäerin in unserer heutigen Zeit stimmig waren und es auch noch sind. Viele andere Lieder sind im Lauf der Jahre hinzugekommen.

Die Aufforderung meines Lakota-Freunds zusammen mit dem Erlebnis dieser Woche in der Eifel bildete die Basis für meine zweite selbst angeleitete Schwitzhütte. (Über meine allererste, missglückte Schwitzhütte werde ich später noch berichten.) Sie fand im Sommer 2000 gemeinsam mit meiner Familie statt. Seither führte ich viele Hütten, und unzählige Menschen waren bei diesen Zeremonien dabei. Ich begab mich dabei immer mit Respekt und Achtung vor dem Ritual und seiner Kraft ins Dienen und vollzog das Schwitzhüttenritual im Vertrauen in meine geistige Führung und meine Ahnen.

Am 10. Oktober 2009, als ich die ersten Worte dieses Buchs schrieb, ging eine Horrormeldung um die Welt: »SEDONA/Arizona – 2 Tote und 19 Verletzte bei einer Schwitzhütte«. Geleitet wurde diese von einem spirituellen Führer aus der dortigen Gegend, einem Weißen, der

vielleicht ein bisschen indianisches Blut in sich hatte, der sich auf dem »New Age Markt« sehr gut vermarktete und im Rahmen eines Seminares eine »Schwitztherapie« angeboten hatte. Es befanden sich ca. 50 Personen in einer mit Plastikplanen abgedeckten Schwitzhütte. Nach gut zwei Stunden begannen die Teilnehmer über Übelkeit, Schwindel und Schwäche zu klagen …

Es gab zu dieser Zeit immer wieder Meldungen über solche Zwischenfälle. Vor ca. 20 Jahren begannen verschiedene Menschen indianischer Abstammung in Europa, Schwitzhütten durchzuführen, weil sich viele Menschen anderer Ethnien zu diesem Ritual hingezogen fühlten. Für die nordamerikanischen *Natives* ist es ein zweischneidiges Thema, ob diese alten Zeremonien überhaupt an Menschen »nichtindianischer Abstammung« weitergegeben werden sollen. Auch sind Angehörige ihrer Volksstämme, die »indigenes Wissen« an »Weiße« weitergeben, sehr umstritten. Es gibt verschiedene Institutionen und Zusammenschlüsse, die sich aktiv bis radikal gegen den »Ausverkauf der indianischen Spiritualität« wehren. Viele nordamerikanische *Natives* sind also dagegen, dass außerhalb ihrer Kultur Schwitzhüttenzeremonien und auch andere traditionelle Zeremonien wie z. B. der Sonnentanz abgehalten werden.

Wenn ich solche Geschichten wie die aus Sedona lese, kann ich die Reaktionen der nordamerikanischen *Natives*, die gegen eine Verbreitung dieser Zeremonien sind, durchaus verstehen. In ihren Traditionen müssen Menschen, die Rituale dieser Art durchführen möchten, über Jahre und Jahrzehnte hinweg von den Ältesten lernen. Die nordamerikanischen *Natives* haben viele Elemente ihres spirituellen, naturbezogenen Erbes über die letzten 500 Jahre hinweg erhalten. Wir Europäer werden hingegen schon seit gut 2 000 Jahren in einer Ein-Gott-Religion erzogen. Deshalb ist es natürlich sehr verlockend, sich bei diesen »edlen und wilden Völkern« spirituelle Erfüllung zu suchen. Dabei wird selten genau hingeschaut und die Problematik von Alkoholismus, Arbeitslosigkeit und Armut in den Reservaten gern übersehen und ignoriert.

»Der weise Indianer und seine Botschaft« werden glorifiziert, manch ein *Native,* der nach Europa kommt, verliert sich in einem Strudel aus Bewunderung und Anbetung durch die Europäer. Die indianischen Menschen werden in Europa häufig für ihre Dienste bezahlt, für deren Verhältnisse meist sogar sehr gut. Auch das führt unweigerlich zu Spannungen innerhalb der Stammesgemeinschaften. Abgesehen davon ist es bei den nordamerikanischen *Natives* unüblich, spirituelle Handlungen offen mit Geld zu bezahlen.

In unserer europäischen Kultur wurden viele Informationen zum Glauben der ursprünglichen Naturreligionen unserer Vorfahren gründlich zerstört. Dennoch werden in den letzten Jahren immer mehr Quellen zu »altem europäischem Wissen« gefunden. Einige davon belegen, dass es in Irland, Island, England, Finnland, Russland, in der Mongolei, der Türkei und vielen anderen Ländern Schwitzzeremonien gab und gibt.

Wenn wir uns mit unserem christlichen Erbe auseinandersetzen und dabei zwischen den Zeilen lesen, finden wir vieles, was mit dem alten Glauben an den Lebensbaum, die Erdmutter, den Himmelsvater, die Götterwelten und noch so manches mehr zu tun hat.

Ich halte mich an die Bitte meines Lakota-Freunds, der mir erklärte, dass er ein *Erinnerer* ist, der mir durch das Erinnern ein Gerüst gibt. Diesem Gerüst Leben zu geben, ist meine Aufgabe, eine sehr persönliche Aufgabe. Ich arbeite mit den Geistern meiner Heimat, mit den Bergen, den Pflanzen und den Ahnen dort.

Ein Ritual hat eine klare, feste Grundstruktur und lebt von der Veränderung dazwischen. Es soll für die Zeit, in der es durchgeführt wird, auf die Bedürfnisse und Umstände der Kultur und der Menschen und auf ihre Nöte abgestimmt sein.

Ein Ritual wie die Schwitzhütte kann nur dann gefahrlos durchgeführt werden, wenn der Leiter sich seiner Verantwortung den Menschen sowie den Geistern gegenüber absolut im Klaren ist und bereit ist, bedingungslos zu dienen, zu vertrauen und zu lieben.

Nach über 15 Jahren Schwitzhüttenerfahrung kann ich sagen: Es ist eine sehr schöne und arbeitsintensive Herausforderung. Ebenso ist es eine Berufung durch die Geister, mit dieser Zeremonie wirken zu dürfen. Ich danke den Schöpferkräften von Herzen für diesen Weg!

*Ich achte und respektiere jede Meinung,
die über das Abhalten von Zeremonien im Allgemeinen
und über Schwitzhütten im Speziellen existiert.
Ich wünsche mir, dass meine Sicht ebenso respektiert wird.*

Einführung

Als ich gerade angefangen hatte, dieses Buch zu schreiben, fand ich einen Prospekt des Arun Verlags, in dem ein neues Buch über die Schwitzhütte angekündigt wurde. Ich bestellte es und freute mich darauf, es zu lesen. Dies war für mich eine klare Synchronizität, die anzeigte, dass die Zeit für eine neue Sichtweise auf dieses uralte Reinigungsritual reif war.

Über die Jahre hinweg wurde ich immer wieder gefragt, ob ich auch Kurse darüber geben könnte, wie ein solches Ritual durchgeführt wird. Lange weigerte ich mich standhaft. Ich wusste nicht, ob ich überhaupt Kurse geben durfte und konnte.

Normalerweise, so die gängige Meinung, braucht es, um Schwitzhütten zu leiten, eine sogenannte Autorisierung durch einen »befähigten Indianer«. Davon gibt es nun mal nur wenige, und ganz wenige sind in Europa unterwegs. Abgesehen davon werden indianische Menschen, die in Europa Zeremonien leiten oder weitergeben, von den Menschen in ihren Stämmen oft als Scharlatane oder gar Verräter angesehen.

Vor gut einem Jahr ergab es sich, dass ich am Ende eines der Sommerlager, die von mir und meinem Mann seit einigen Jahren veranstaltet worden sind, von den Geistern ganz klar die Anweisung bekam, vier Personen aus unserem langjährigen Schwitzhüttenkreis den Schöpfer, und damit das Recht, Schwitzhütten aufzugießen, zu reichen.

Ich war ziemlich überrascht, handelte jedoch dem Auftrag der Geister entsprechend. Obwohl diese vier Menschen viel Schwitzhüttenerfahrung hatten, waren sie mit dem Auftrag des Aufgießens im ersten Moment überfordert. Hier kam also wieder der Ruf nach einem Kurs. Darin sollten alle grundlegenden Themen durchgesprochen und auch geübt werden können. So kam es, dass ich in diesem Herbst zum ersten Mal ein Schwitzhüttenseminar anbot.

Es meldeten sich drei Frauen an, die ich alle persönlich kannte. Das persönliche Kennenlernen vor solch einem Kurs ist für mich sowieso eine Grundvoraussetzung, damit jemand daran teilnehmen kann. Ich würde niemals mir gänzlich unbekannte Menschen für diese Ausbildung annehmen.

Die ersten beiden Tage behandelten wir »nur« die Theorie. Alles, was hier im Buch unter »Gefahren und Vorsichtsmaßnahmen« zu lesen ist, wurde durchgesprochen – vor Ort am Platz mit dem direkten Bezug zur Praxis. Es gab keine schriftlichen Unterlagen: Ich erzählte, und die Frauen schrieben mit. Irgendwann fragte eine der Frauen: »Kannst du uns auch ein Buch zu diesem Thema empfehlen?« Das einzige Buch, das ich zu diesem Zeitpunkt zum Thema kannte, war *Inipi,* ein Buch über die Schwitzhütte in der Tradition der Lakota. Ich hatte es jedoch nie gelesen und konnte daher keine Empfehlung dazu abgeben. Die Frauen hatten sich zu diesem Zeitpunkt schon seitenweise Notizen gemacht, und so meinte schließlich eine von ihnen: »Schreib doch du ein Buch, wir geben dir auch gern unsere Notizen dafür!« Mir war alles andere als wohl bei dem Gedanken.

Aufgrund meines Wissens um die Widerstände der nordamerikanischen *Natives*, der Sensibilität des Themas, der Weitläufigkeit sämtlicher Umstände, die bedacht werden sollten, und all der anderen Dingen, die mir durch den Kopf gingen, war meine erste Antwort: »Nein, das ist unmöglich. Das fängt schon damit an, dass das Wort Schwitzhütte heute schon ein Reizwort für viele Menschen ist.«

Im Lauf der Woche wurde das Thema Buch von den Frauen gelegentlich wieder angesprochen. Mir blieb es im Hinterkopf, es ließ mir keine Ruhe. Schließlich zog ich mich zurück, um mich für die Medizinhütte, die ein Teil der Ausbildungswoche war, vorzubereiten.

Während dieser Vorbereitungszeit tauchte plötzlich einer meiner Verbündeten auf, setzte sich vor mich und grinste mich frech an: »Warum willst du dieses Buch nicht schreiben?«, fragte er mich. – »Weil ich keine Ahnung habe, wie das gehen soll. Ich weiß ja nicht einmal, wie ich es nennen würde, um niemandem damit zu nahe zu treten. Es könnte heftige Widerstände innerhalb der nordamerikanischen Völker geben. Und überhaupt ist das doch viel zu gefährlich. Was passiert, wenn Menschen dann dieses Buch lesen und denken, sie können es als Anleitung verwenden, um selbst dieses Ritual durchzuführen?«

Seine Antwort war: »Einen Titel bekommst du von uns. Erzähle deine Geschichte, ehrlich und aufrichtig mit allen Fehlern, die du auf deinem Weg gemacht hast, und lasse die Menschen an deinen Erfahrungen teilhaben. Drücke dich dabei klar und deutlich aus, und es wird jedem vernünftigen Menschen einleuchten, dass diese Zeremonie nur von jemandem durchgeführt werden sollte, der sich im Klaren darüber ist, was er tut. Das Buch kann Menschen hier in Europa dazu ermutigen, ihre Wurzeln zu finden, so wie du es getan hast. Es kann eine Hilfe sein für ein besseres Verständnis auf beiden Seiten der Meere. Traue dich, und schreibe! Du wirst sehen, wie es fließt.«

Es war dann auch beinahe so, als säße ich in einer Schwitzhütte und dabei flössen Worte, bei denen ich mich selbst manchmal fragte, woher sie kamen. Ich spürte genau dass dieses Buch »gewünscht« war: gewünscht von den Geistern und von denjenigen Menschen, die den Ruf der Schwitzrituale hörten.

Ich danke den Frauen, die mich in dieser einen Woche in der alltäglichen Welt darauf brachten, mir über dieses Buch Gedanken zu machen. An diesem Buch wirkten so viele verschiedene Menschen mit. Es ist das Produkt einer Gemeinschaft, genauso ist auch die Schwitzhütte ein Ritual für eine Gemeinschaft.

An dieser Stelle bitte ich dich, lieber Leser, mit dem in diesem Buch vermittelten Wissen vorsichtig und respektvoll umzugehen. Es soll dir helfen, mehr über das Ritual der Schwitzhütte zu erfahren. Es soll deine eigenen Erfahrungen bereichern oder einfach nur ein paar Stunden Unterhaltung bieten.

Ich werde in diesem Buch auf die einfache Schreibweise der männlichen Form zurückgreifen. Für mich werden dadurch selbstverständlich Frauen und Männer angesprochen.

Ich nehme keineswegs in Anspruch, dass meine hier dargestellten Ansichten die einzig gültigen seien oder sein könnten. Es sind nur meine Erfahrungen und Erzählungen von Menschen, die ich seit vielen Jahren kenne. Jedes andere Verständnis, jede andere Sichtweise hat ebenso ihre Gültigkeit und Berechtigung.

Ich wünsche dir nun viel Spaß beim Lesen!

Herzensgruß

Sabrina Dengel

Gefahren und Vorsichtsmaßnahmen

Ohne eine wirklich umfassende und seriöse persönliche Einführung in diese Zeremonie rate ich dringend davon ab, selbst eine Schwitzhütte durchzuführen.

Eine Schwitzhütte ersetzt keine Therapie oder medizinische Behandlung. Befindet sich jemand in Behandlung oder nimmt Medikamente, ist ein klärendes Gespräch vor der Schwitzhütte zwingend erforderlich. Ich empfehle auch, mit dem Arzt oder Therapeuten zu sprechen. Darauf sollten alle Teilnehmer hingewiesen werden.

Feuergefahr

Um die Steine für eine Schwitzhütte zu erhitzen, wird ein sehr großes Feuer aufgebaut. Ein großes Feuer muss immer sorgfältig beaufsichtigt werden. Neben der Aufsicht sind jedoch auch das Wetter und die Lage der Feuerstelle ausschlaggebend. Ein guter Feuerhüter verlässt niemals ein brennendes Feuer, ohne die Aufsicht darüber klar an eine andere Person übertragen zu haben. Die Feuerstelle sollte so angelegt sein, dass keine Bäume, Häuser, Hütten oder anderes in der Funkenfluglinie liegen. Die Feuerbestimmungen der Region sollten auf alle Fälle vorher geklärt und eingehalten werden (z. B. gibt es Gegenden, in denen bei Föhnwetter kein Feuer gemacht werden darf).

Brandschutzvorschriften unbedingt einhalten!

Oft muss ein so großes Feuer auch behördlich angemeldet werden. Ich empfehle, mit den zuständigen Menschen im Ortsgebiet zu sprechen, um unnötige Schwierigkeiten und Stress zu vermeiden.

Die Feuerstelle selbst sollte gut eingefriedet werden, was sich mit der Zeit durch die vermehrte Nutzung von selbst ergibt. Die Größe der Feuerstelle wächst mit der Anzahl der Schwitzhütten, die abgehalten werden.

Für eine Schwitzhütte wird ca. ein Raummeter Holz benötigt. Achte darauf, dass es sauberes Baumholz ist. Verwende kein Baustellenholz, Abbruchholz oder alte Möbel, um die Steine zu erhitzen, auch keine Paletten oder Spanplatten. In diesen verarbeiteten Holzbalken sind meistens Chemikalien enthalten, zudem finden sich oft unerwünschte energetische Informationen darin.

Die Kleidung am Feuer sollte sorgfältig gewählt sein. Es gibt Feuerhüter, die barfuß und in kurzer Hose das Feuer betreuen und die Steine in die Hütte bringen. Ich kenne aber auch Menschen, die bei dieser Arbeit lange Hosen, Pullover und Handschuhe tragen. Es ist von Mensch zu Mensch verschieden, jedoch ist es immer sinnvoll, zumindest feuerfeste Handschuhe und festes Schuhwerk am Platz zu haben (Ausziehen geht schließlich immer).

Aus Sicherheitsgründen ist es sinnvoll, die Heugabel, mit der die heißen Steine in die Hütte gebracht werden, immer am Boden entlang aus der Hütte »herauszuziehen«. Dadurch können Verletzungen an den Beinen und Händen der Menschen, die links und rechts neben der Tür sitzen, vermieden werden.

Die richtigen Steine

Die Wahl der richtigen Steine ist sehr wichtig. Manche Steine explodieren im Feuer oder – noch schlimmer – in der Schwitzhütte, wenn das Wasser darüber gegossen wird. Beides kann zu erheblichen Verletzungen führen. Unsere Erfahrung hat gezeigt, dass sich Granit, Gneis und Basalt am besten eignen. Diese Steine lassen sich gut erhitzen und brechen dann eventuell auseinander, aber nie ist bei uns einer dieser Steine explodiert. Granit und Gneis haben einen relativ hohen Anteil an vulkanischen Mineralien, und Basalt ist ein Vulkangestein, daher halten diese Gesteine die Hitze gut aus. Auch die Speicherkraft dieser Steine ist sehr hoch. Basalt kann von allen drei Gesteinssorten am häufigsten verwendet werden, denn er lässt sich bis zu zehn Mal erhitzen, bevor er zerfällt.

In unserer Gegend in Vorarlberg finden sich vor allem Granit und Gneis, allerdings an einer anderen Stelle als an der unserer Schwitzhütte. So fahren wir, mein Mann und ich, meistens im Frühjahr an einen Bach in der Gegend und sammeln dort die Steine für ein ganzes Jahr.

Tuffgestein sollte vermieden werden! Bei Kalktuff ist die Gefahr von Augenverletzungen gegeben. Der ungelöschte, gebrannte Kalk löst sich in dem Moment, in dem das Wasser darüber gegossen wird. Dadurch wird mit dem Dampf ganz feiner Kalkstaub freigesetzt und in der Hütte verbreitet. Augenbrennen, Tränenfluss oder verschlechterte Sehkraft können die Folgen sein.

In der Schwitzhütte selbst ist es stockdunkel, in der Mitte der Schwitzhütte ist ein Loch (das *Pit*), in welches der Feuerhüter die heißen Steine legt. Um dieses Loch herum können z. B. Hirschgeweihe in die Erde gesteckt werden, so spüren die Menschen in der dunklen Hütte die »Grenze« zu den heißen Steinen, bevor sie sich an ihnen verbrennen können.

Gesundheit der Teilnehmer

Ich empfehle jedem Schwitzhüttenleiter vor der Schwitzhütte mit jedem Teilnehmer den persönlichen Gesundheitszustand abzuklären. Herzprobleme, Bluthochdruck, Krampfadern, Epilepsie, Depressionen usw. sind dabei insbesondere zu beachten. Auch wenn Medikamente, welcher Art auch immer, eingenommen werden, möchte ich als Leiter vorher darüber informiert sein. Ein an sich gesunder Mensch mit einem Schnupfen wird kaum ein Problem in der Hütte haben. Ein Mensch, dessen Kreislauf jedoch schon chronisch geschwächt ist, benötigt die besondere Aufmerksamkeit des Leiters. Jeder Mensch, der an einer Schwitzhütte teilnehmen möchte, ist in erster Linie selbst für sich und für alles, was er tut, verantwortlich. Als Leiter einer Schwitzhütte bin ich jedoch ebenso für das Wohlergehen der Menschen, die sich mir anvertrauen, verantwortlich.

Wenn ich bei einem Menschen bezüglich seines Gesundheitszustands unsicher bin, sollte ich den Mut haben, ihn darum zu bitten, auf die Zeremonie in der Hütte zu verzichten. Dieser Mensch kann in die Arbeiten rund um die Hütte eingebunden werden, indem er z. B. dem Feuerhüter hilft, das Trinkwasser reicht usw. Es nützt weder dem Leiter noch den Teilnehmern etwas, wenn alle auf »Biegen und Brechen« in die Hütte müssen.

Es gibt Schwitzhütten mit sehr strengen Regeln, wie z. B. der, dass die Teilnehmer während der gesamten Zeremonie die Hütte keinesfalls verlassen dürfen. Manche fühlen sich dadurch eingesperrt. Ich empfinde so etwas fast als Entmündigung der Teilnehmer. Der Gipfel ist, wenn bei einer Schwitzhütte vorher von den Teilnehmern verlangt wird, dass sie ein Dokument unterschreiben, auf dem sie alle Verantwortung für eventuelle Folgeschäden oder Verletzungen übernehmen. Einerseits ist jeder für sein Wohlergehen selbst verantwortlich, andererseits wird verboten, die Schwitzhütte zu verlassen. Für mich persönlich ist das ein Widerspruch.

Es ist wichtig, dass die Menschen ihre Selbstverantwortung übernehmen. Ich gebe ihnen Tipps, wie sie sich in der Schwitzhütte verhalten sollten, wenn es sehr heiß wird und wie sie beispielsweise mit Atmen, Singen und Hinlegen ausprobieren können, was ihnen guttut. Und ich stelle ihnen jederzeit frei, die Hütte zu verlassen, wenn möglich, am Ende einer Runde; aber wenn mitten in einer Runde ein Teilnehmer darum bittet, hinaus zu dürfen, öffne ich sofort die Tür und lasse ihn hinaus. Dann beende ich die Runde mit den anderen Teilnehmern wie geplant.

Nach der Pause kann die Person entscheiden, ob sie in die Hütte zurückkehren oder draußen bleiben möchte. Eine Schwitzhütte ist eine Grenzerfahrung. Die Grenze jedes einzelnen Menschen liegt woanders, und das habe ich zu respektieren.

Meines Erachtens soll und darf eine Schwitzhütte niemals ein Wettbewerb oder eine Mutprobe im Sinne von »ich halte es länger als alle anderen in dieser Hitze aus« sein. Es sollte möglich sein, dass alle Menschen, die eine Schwitzhütte besuchen, dieses Ritual der Reinigung und Neugeburt für sich auf eine gute Art und Weise nutzen können, ohne dabei zu Schaden zu kommen.

Speziell in der kalten Jahreszeit ist es sinnvoll, den Boden der Schwitzhütte mit Stroh auszulegen – vor allem wenn der Boden gefroren ist. Zusätzlich kann eine Wintereindeckung gemacht werden. Dabei werden die Decken über die unterste Weidenrunde gehängt und auf dem Stroh ausgelegt. Damit wird erreicht, dass die kalte Luft, die unter den Decken am Boden in die Hütte kommt, umgeleitet wird. Wenn ich in der kalten Jahreszeit eine Schwitzhütte leite, habe ich auch immer genügend Handtücher als Unterlage dabei, sowie ein Saunatuch mit Klettverschluss, das ich mir um die Nieren befestige, wenn die Tür offen ist und ich die Steine empfange.

Luftzufuhr in der Schwitzhütte

Eine Schwitzhütte sollte luftdurchlässig, aber trotzdem dunkel und dicht sein; *dicht* im Sinne von mäßiger »Hitze/Luftstauung« durch die Aufgüsse. Eine gute Zirkulation und Durchlüftung mit Sauerstoff sollte stets beachtet werden, daher muss die Luftdurchlässigkeit beim Deckmaterial sicherheitstechnisch unbedingt beachtet werden. Am besten eignen sich alte Felle, Wolldecken jeder Art – solange sie wirklich ohne Nylon oder Kunstfasermischung sind –, Fleckerlteppiche aus Wolle und Baumwolle sowie Leinendecken und Naturfilz. Ideal ist Dämmmaterial (z. B. naturbelassene, gefilzte Schafwolle) aus dem Ökobaugewerbe – dieses Material ist aber sehr teuer. Es sollte jedenfalls darauf geachtet werden, dass die Deckmaterialien für die Schwitzhütte natürlichen Ursprungs und frei von synthetischen oder chemischen Anteilen sind.

Für mich persönlich spielt es eine große Rolle, dass ich ein uraltes Ritual mit und in der Natur, für meine Natur und für die Menschen, die ein Teil dieser Natur sind, durchführe. Dabei möchte ich nach Möglichkeit auch nur natürliche »Zutaten« verwenden. Außerdem können sich viele der synthetischen Verbindungen und chemischen Zusätze in der Hitze der Hütte aus dem Gewebe lösen. Dann gelangen sie aber in unsere Atemluft.

Wie anhand des Beispiels aus Sedona ersichtlich, bei dem in einer Schwitzhütte zwei Menschen starben und 19 schwer verletzt wurden, ergibt es wenig Sinn, eine

Schwitzhütte mit Plastikplanen abzudecken, wenn Menschen darin sitzen. Der Hitzestau, der dabei entsteht, kann sehr schlimme Folgen haben.

Ich habe schon viele Schwitzhütten bei strömendem Regen und im tiefsten Winter durchgeführt. Wenn der Schnee von den alten Bäumen auf die Hütte rutscht und an der Decke über dem *Pit* ein Wasserfeld entsteht, dann ist das – wie wunderbar – ein »automatischer Aufguss« von Mutter Erde/Mutter Natur; ein Geschenk an uns, die wir in ihrem Bauch schwitzen und beten.

Die Pausen dauern so lange, bis sich auch der letzte Mensch in der Hütte erholt hat. Währenddessen bleibt die Tür offen. Manchmal, wenn die Runde ganz besonders heiß war und viele Menschen in der Hütte sind, öffne ich sie auch an der gegenüberliegenden Seite für kurze Zeit. Dadurch bekommen die Personen, die gegenüber der Tür sitzen, schnell frischen Sauerstoff, und angestaute Energien in der Hütte können abziehen.

Die Hitze in der Schwitzhütte

Als Schwitzhüttenleiterin sitze ich entweder rechts oder links neben der Tür. Ich nehme die Steine in Empfang, deren Anzahl ich zuvor bestimmt habe. Ich selbst habe Schwitzhütten mit 16 bis zu 55 Steinen erlebt – es war immer heiß. Für meine Schwitzhütten verwende ich zwischen 20 und 35 Steine. Die Anzahl hängt immer auch von der Größe der Steine ab. Ein weiterer Aspekt sind die Aufgüsse. Die Größe des Schöpfgefäßes und die Anzahl der Aufgüsse steuern die Hitze zu einem Teil, der andere Teil obliegt den Geistern. Unsere Schöpfkelle ist eine halbe Kokosnuss an einem mittellangen Gabelstock. Sie bewährt sich seit vielen Jahren. Eine andere Möglichkeit ist ein langes Kuhhorn. Auch hier empfehle ich, natürliche Materialien zu verwenden, z. B. könnte ein Suppenschöpfer aus Eisen unter Umständen recht heiß werden.

Das eigentliche Aufgusswasser wird am Feuer vom Feuerhüter erhitzt, der es anschließend in die Hütte bringt. Die Steine kühlen durch das warme Wasser langsamer ab, wodurch die Gefahr des Explodierens der Steine reduziert wird. Es sollte darauf geachtet werden, dass die Schöpfkelle für die Aufgüsse einen langen Stiel hat. Wichtig ist auch, immer »von hinten nach vorn aufzugießen«, weil der heiße Dampf ansonsten die Unterarme verbrennen kann.

Vermieden werden sollte ein zu schnelles Schütten des Wassers auf die Steine: Dabei können einzelne heiße Wassertropfen aus dem *Pit* auf die Menschen spritzen. Wenn ich die Hitze langsam steigern möchte, sollte ich den vollen Schöpfer ganz langsam ausgießen. Dadurch ergibt sich ein sehr langer Aufguss.

Wenn eine Schwitzhütte auf einem geraden, ebenen Platz gebaut ist, dann gibt es folgende Richtlinien für die verschiedenen Plätze in der Hütte und die Hitzeauswirkungen: Der Tür gegenüber ist der heißeste Platz. Dort staut sich die Hitze am meisten. Wenn ich als Leiterin an meinem Platz das Gefühl habe, dass es »genug« ist, kann es an erwähnter Stelle schon »zu viel« sein. Der Platz gegenüber der Tür ist daher ein Platz für geübte Schwitzhüttenbesucher. Auf jeden Fall sollte ich als Leiter besonders auf die Teilnehmer dort achten und die Hitze auf sie abstimmen. Je näher die Menschen zur Wand der Schwitzhütte sitzen, umso heißer wird es für sie. Der Dampf von den heißen Steinen steigt gerade hoch und dann an den Deckenwänden entlang nach unten.

Wenn sich ein Teilnehmer hinlegen möchte, empfiehlt es sich für ihn, sich mit dem Kopf in Richtung Steine und mit dem Gesicht auf der Erde hinzulegen. Der Rücken hat eine viel dickere Haut und kann die Hitze besser aushalten als Bauch, Brust oder Gesicht.

Bei allem, was ich in der Schwitzhütte tue, habe ich einen Leitsatz: Ich richte mich stets nach dem »Schwächsten« in der Gemeinschaft. Manchmal kommt es vor, dass deshalb das Ritual für den einen oder anderen Teilnehmer zu wenig heiß oder zu wenig intensiv verläuft. Dann kann es sein, dass dessen Übung für diese Schwitzhütte in den Themen Toleranz und Sanftheit liegt.

Wenn die vierte Runde der Schwitzhütte abgeschlossen ist, habe ich als Leiter die Möglichkeit, für den Feuerhüter noch eine eigene Runde durchzuführen. Meist ist der Feuerhüter ein erfahrener Schwitzhüttenbesucher. In diese Runde kann ich auch jene Menschen einladen, denen die vier Runden nicht heiß genug waren.

Räucherungen

Gewöhnlich werden die heißen Steine in der Schwitzhütte mit ein wenig Räucherwerk, das der Leiter auf die Steine streut, begrüßt. Manche Leiter legen auf jeden einzelnen Stein ein bisschen Räucherwerk, andere streuen es über alle Steine einer Runde, wenn diese im *Pit* liegen. Dabei ist darauf zu achten, dass sich die Rauchentwicklung im erträglichen Rahmen hält. Wenn alle Steine in der Hütte sind und die Räucherung beendet ist, werden in unseren Hütten die Steine mit ein wenig Wasser gereinigt. Dafür kann auch der Baumbesen verwendet werden. Damit spritzt man Wasser auf die Steine und lässt den Dampf, der entsteht, durch die offene Tür abziehen. In der geschlossenen Hütte vermeide ich das Räuchern. Einzige Ausnahme ist die Medizinhütte in der Art, wie ich sie durchführe.

Bewährte Räucherstoffe sind:

Salbei, Zeder, Bärwurz, Wacholderkraut, Alant, Lavendel, Mariengras (Süßgras), Rosenweihrauch, Copal (weiß, schwarz oder golden), Styrax, Myrrhe, heimische Baumharze wie Fichte oder Tanne, Paolo Santo u. a.

Es gilt beim Räuchern oft, dass weniger mehr ist. Räucherstoffe wie Kampfer, Minze, Eukalyptus und ähnliche sollten vermieden werden. Einerseits reagieren homöopathische Mittel auf diese Reizstoffe, andererseits ist deren Duft für manche Menschen einfach zu stark, sodass ihnen übel wird. Drachenblut verwende ich nur in besonderen Fällen. Die Drachenkraft sollte neben der starken Rauchentwicklung und dem intensiven Geruch bei der Räucherung keinesfalls unterschätzt werden.

Es gilt, für sich selbst die richtigen Räucherstoffe zu finden. Es ergibt auch Sinn, sich über die Wirkungsweise der einzelnen Räucherstoffe zu informieren.

Dazu gibt es viel gute Literatur auf dem Markt.

Vom Gebrauch halluzinogen wirkender Räucherstoffe in einer Schwitzhütte rate ich dringend ab!

Drogen und Alkohol

Neben der Empfehlung, nach einem leichten Frühstück, bis zur Schwitzhütte den Tag über nach Möglichkeit zu fasten und viel zu trinken, weise ich die Teilnehmer darauf hin, dass Alkohol und Drogen für dieses Ritual der Reinigung kontraproduktiv sind. Auf unserem Schwitzhüttenplatz ist der Konsum klar untersagt. Es mag Schwitzhütten geben, bei denen Drogen konsumiert werden, deren Leiter haben dann auch die Verantwortung für das Geschehen zu tragen. Ich rate ganz klar davon ab! Eine Ausnahme gibt es bei uns, wenn wir den Teilnehmern Met (Honigwein, ein traditionelles europäisches Getränk und »Trank der Götter«) im Horn im Ritual reichen. Dann nimmt jeder Teilnehmer einen kleinen Schluck.

Verhalten in der Schwitzhütte

Es ist wichtig, sich über den Raum, der geöffnet wird, vorher Gedanken zu machen. An dieser Stelle möchte ich einige Begebenheiten aufführen, die passieren können:

Ich hatte in einer Schwitzhütte einmal die Situation, dass

ich die Teilnehmer bat, alles, was sie bedrückt, im Leben bremst oder ihnen Schmerzen bereitet, über ihre Stimme zum Ausdruck zu bringen.

Ein Teilnehmer begann zu fluchen und spuckte hörbar in die Steine. Seither sage ich immer dazu: »Es ist alles erlaubt, außer Fluchen und Spucken.« Als Leiter sollte ich mich den Teilnehmern gegenüber klar ausdrücken, was die Sprache und das Verhalten in der Schwitzhütte betrifft. Was für den einen eine Selbstverständlichkeit ist, kann für den anderen schon grenzwertig und unangenehm sein. Manchmal gibt es auch Menschen, die den angebotenen Raum für sich selbst extrem ausnutzen. Das kann z. B. durch ein sehr langes und ausgedehntes Gebet geschehen. Als Leiter habe ich dann die Aufgabe, dafür zu sorgen, dass jeder Mensch im Kreis seinen Raum bekommt.

Ich sage den Teilnehmern vor einer Gebetsrunde: »Überlegt euch, was ihr laut sagen möchtet. Bringt es auf den Punkt, und sagt es klar und deutlich. Je länger ihr betet, umso heißer wird die Hütte! Für alles, was ihr vielleicht vergesst, ist der Raum in der Hütte auch im Stillen gegeben. Vielleicht spricht ja gerade der Nächste neben dir genau das aus, was du noch im Kopf hattest. Die Schöpferkräfte hören jedes Gebet, das von Herzen kommt, ob laut oder leise.«

Auch wenn es vielleicht komisch klingt: »Wir bitten die Teilnehmer, nicht in die Schwitzhütte zu urinieren.« Auch das gibt es. Wenn jemand wirklich auf die Toilette muss, kann die Pause ein wenig verlängert werden.

Ein weiterer Punkt ist die »Kleiderordnung«. Wir stellen es den Menschen frei, ob sie in der Hütte nackt oder bekleidet sein möchten. Ein großes Handtuch oder ein

Wickeltuch für die Zeit vor der Hütte und auch danach wird von uns empfohlen. Weil es für manche Menschen ein Problem ist, sich nackt zu zeigen, steht es jedem frei, ein Oberteil und eine kurze Hose aus Baumwolle oder Badekleidung in der Hütte zu tragen. Manche Frauen haben auch spezielle Schwitzhüttenkleider. Leider habe ich auch schon von Situationen erzählt bekommen, in denen »Spanner« mit erigiertem Glied in einer Schwitzhütte saßen. In so einer Situation würde ich den Teilnehmer sofort bitten, die Schwitzhütte zu verlassen.

Alle Teilnehmer sollten sich im Klaren darüber sein, dass das Verhalten jedes Einzelnen die Zeremonie, die Gemeinschaft und die Geschehnisse in und um die Hütte beeinflusst.

Absicht in der Schwitzhütte

Es ist sinnvoll, sich vor dem Durchführen einer Schwitzhütte Gedanken über die zugrunde liegende Absicht zu machen. Folgende Fragen sollte sich jeder stellen, der darüber nachdenkt, selbst eine Schwitzhütte abzuhalten:

- Was zieht mich in dieses Ritual?
- Warum möchte ich diese Zeremonie abhalten?
- Möchte ich daran teilnehmen oder selbst aufgießen?
- Was bewegt mich, darüber nachzudenken, eine Schwitzhütte zu leiten?

- Was sind die Inhalte der einzelnen Runden, wenn ich eine Schwitzhütte durchführen würde?
- Was erhoffe ich mir selbst davon, und was möchte ich den anderen Menschen, die daran teilnehmen, vermitteln?
- Kommt der Ruf dazu aus der Geisterwelt oder ist es ein »hipper Egotrip«?

Früher, als ich noch nicht den Auftrag meines Lakota-Freunds und meiner Verbündeten zur Durchführung von Schwitzhütten erhalten hatte, war auch ich auf einem »Egotrip« und bildete mir ein, dass es einfach sei, ein bisschen Wasser auf die Steine zu gießen, Lieder zu singen und zu schwitzen und dass ich das auch könnte! Ich hatte gerade einmal drei Schwitzhütten besucht. Meine erste fand bei einem Cheyenne-Indianer statt, der in der Schweiz Zeremonien gegen Geld anbot. Wir waren 45 Personen in einer taghellen Schwitzhütte – die Veranstalter hatten zu wenig Decken. Die ganze Zeremonie war nach 45 Minuten zu Ende. Von der Wirkung war ich dennoch begeistert! Ich schwebte eine ganze Woche lang über dem Boden, und alles war einfach nur schön.

Meine zweite Hütte erlebte ich bei der »alamannischen Brauchtumsgemeinschaft«. In der stockdunklen Hütte mit den archaischen Runengesängen fürchtete ich mich damals unglaublich. Es sollte einige Zeit dauern, bis ich mich wieder, und dann mit einigem Hintergrundwissen, auf eine solche Schwitzhütte einlassen konnte.

Für die dritte Schwitzhütte lud ich selbst einen nordamerikanischen *Native* ein. Gemeinsam bauten wir eine Schwitzhütte auf und führten diese durch. Es war eine sehr kraftvolle und stimmige Zeremonie.

Meine erste selbst geleitete Schwitzhütte

Da nun schon die Schwitzhütte in meiner Gegend aufgebaut worden war und ich ja die Decken und die Steine hatte, erdreistete ich mich tatsächlich, mit einigen Menschen selbst eine Schwitzhütte durchzuführen. Aus heutiger Sicht war ich damals ziemlich respektlos und eingebildet. Ich hatte in keiner Weise verstanden, was diese Zeremonie tatsächlich bedeutete und erfüllte die Voraussetzungen für ihre Durchführung nicht.

Eine Teilnehmerin brachte das Holz mit. In dem Moment, als sie mit dem Holz für das Feuer auf den Platz kam, regte sich in mir leiser Zweifel an dem, was ich da tat. Sie hatte gerade ihre Wohnung renoviert, das gesamte Holz bestand aus alten Spanplatten, Möbeln und Baumaterial. Mein Ego war jedoch so groß, dass ich diese leise Stimme einfach ignorierte und weitermachte. Anstatt der wunderschönen rot glühenden Steine, die ich bei den anderen Hütten erlebt hatte, waren diese hier giftig-gelbgrün. Dennoch gingen wir in die Hütte hinein. Als wir die Tür geschlossen hatten, begann ein starker Wind zu wehen. Immer wieder zerrte dieser Wind an den Decken auf der Hütte und warf sie herunter. Wir hatten ständig durchlässige Stellen in der Hütte. Ich begann, Wasser auf die Steine zu gießen. Die Menschen begannen zu sprechen, und ich sah die ganze Zeit giftig-grüne Tropfen zäh wie Pech von der Decke in die Steine tropfen.

In der dritten Runde verbrannte ich mir meinen ganzen Unterarm auf der Innenseite, wo die Haut ganz dünn und empfindlich ist. Da endlich brach ich diesen Egotrip ab. Ich schämte mich furchtbar: vor der Geistigen Welt, mit der ich damals – im Sinne des Schamanismus – angefangen hatte zu arbeiten (mit Themen wie Reiki, Bachblüten, Aurasoma u. a. hatte ich mich schon vorher beschäftigt), vor denjenigen Menschen, die dieses Ritual respektvoll und seriös durchführten, und nicht zuletzt vor mir selbst. Die Verbrennung kann ich heute noch erkennen, wenn ich genau hinsehe.

Dieses Erlebnis war für mich eine große Lehre. Vor allem begriff ich, wie viel Kraft in einem aufrichtig und respektvoll durchgeführten Ritual steckt – und dass manches Ritual in der Lage ist, sich vor Missbrauch zu schützen. Auch verstand ich, dass es ohne die Unterstützung und Führung der Geistigen Welten ein Leichtes ist, sich die Finger zu verbrennen.

Ich bin von Herzen dankbar dafür, dass meine Verbündeten und die Schöpferkräfte mir eine zweite Chance gaben. Gern habe ich hier dieses Erlebnis aus meinem Leben erzählt, denn vielleicht trägt es dazu bei, die eine oder andere ähnliche Situation zu vermeiden. Wenn ich heute diese Zeremonie durchführe, tue ich dies in tiefer Achtung und Respekt vor den Schöpferkräften. Ich achte und befolge die Anweisungen meiner Verbündeten und werde dabei gut und kraftvoll von ihnen geführt.

Ich empfehle wirklich jedem Menschen,
die Absicht genau zu prüfen,
die hinter seinem Wunsch,
eine Schwitzhütte zu leiten, steht!

Schwitzrituale weltweit

Weil ich sehr oft mit dem Vorwurf konfrontiert wurde, mit der Schwitzhütte Kulturraub an den indigenen Völkern Nordamerikas zu betreiben, begann ich, mich über Schwitzrituale verschiedenster Kulturen zu informieren. Dabei stellte ich fest, dass es davon unzählige gab und gibt. Beinahe jedes dieser Schwitzrituale umfasst mehrere Zwecke:

- den Wunsch, sich zu säubern,
- als Mittel bei verschiedensten körperlichen Beschwerden,
- für die Schönheitspflege,
- als spirituelles Ritual der Vorbereitung für Zeremonien,
- als geistige Reinigung,
- für Übergänge jeder Art (z. B. als Ritual zur »Mannwerdung« für Jungen) und noch vieles mehr.

Ich habe immer wieder in Erzählungen von Schwitzkuren, -häusern, -bädern und anderem gehört. Ich fragte bei Menschen nach, die aus anderen Kulturen stammten oder die lange Zeit in fremden Ländern verbracht hatten, und ich suchte auch im Internet nach Informationen zu diesem Thema.

Die Ursprünge der europäischen Bade- und Schwitzkultur liegen in der Antike, als öffentliche Badehäuser auch eine wichtige soziale Funktion hatten. Es wird vermutet, dass die Schwitz- und Badestätten einerseits als gesellschaftliche Treffpunkte und andererseits als Orte der Heilung und der Gesundheitspflege und für rituelle Waschungen, Reinigungen und Zeremonien genutzt wurden.

Das Steinschwitzbad

Es gibt Funde von Steinschwitzbädern aus der Urzeit. Manche waren in Gruben in der Erde, andere in Häusern oder Hütten, die mit Fellen abgedeckt waren. In Ostasien befinden sich die Funde der frühesten Schwitz- und Thermalbäder und auch Hinweise auf deren rituellen Gebrauch. Von dort gelangte dieser Brauch nach Nord-, Mittel- und Südamerika. Andere Völker verbreiteten ihn Richtung Westen bis nach Innerasien und bis hin zum Ural. Von Kleinasien aus nahm er seinen Weg in den gesamten Mittelmeerraum. Aus der Zeit der Merowinger (5. bis 8. Jahrhundert) gibt es Holzstiche und Schnitzereien, die eine beinahe für heute typische Sauna zeigen.

Die Badestuben

Im Mittelalter gab es in den Städten die Badestuben, in denen Reisende sich baden und eben auch schwitzen konnten, und auf dem Land gab es die Bauernbäder. Es konnte sich dabei um Steinschwitzstuben oder einfach um beheizte Stuben handeln, in denen in einem Holzbottich gebadet wurde. Beide erfreuten sich großer Beliebtheit. Zwischen 1700 und 1800, innerhalb von 100 Jahren, verschwand diese Art der Körperpflege, Heilung, Gemeinschaft und der rituellen Handlungen fast gänzlich aus dem mitteleuropäischen Raum.

Später entstanden in vielen Gegenden noble Thermalbäder, die der oberen Schicht der Bevölkerung vorbehalten waren. Man ging »auf Sommerfrische« zu Heilquellen und in Thermalbäder. Um 1900 herum verbrachte der österreichische Adel an der Heilquelle zum Rothbrunnen seinen Urlaub. Dort versprachen Schwefel- und Mineralheilwasser und als Besonderheit noch eine Augenquelle, speziell zur Behandlung von Augenleiden, den edlen Gästen Heilung.

Auch auf dem Land entwickelte sich die Bäderkultur neu. Mancher Bauer fand auf seinem eigenen Grund und Boden eine Thermal- oder Schwefelquelle und ließ dort gegen ein geringes Entgelt Mägde, Knechte und Bauersleute aus der Umgebung baden. Diese nahmen gern an, denn auch damals wussten die Menschen schon, dass es sich immer lohnt, dem eigenen Körper etwas Gutes zu tun und sich eine Auszeit zu gönnen.

In Tirol und Kärnten entwickelte sich auf dem Land eine neue Form des Schwitzbades. Dabei handelte es sich um eine »Trockensauna«. Sehr langsam wurde bei dieser Sauna der Körper überwärmt und gleichzeitig stiegen Kräuterdämpfe auf. Dafür wurden Kräuter auf einen Rost gelegt, der über den heißen Steinen befestigt war. Der Wasserdampf, der sich nach dem Aufguss verbreitete, löste feine Extrakte aus den feuchten Kräutern, die sich mit dem Dampf in der Luft verteilten. Dies wirkte auf die Menschen entspannend und heilsam. Vor allem bei Erkrankungen der Atemwege war diese Form des Bauernbades sehr beliebt.

Europäische Erdschwitzhäuser

Unsere europäischen Vorfahren, die Kelten, Germanen

(insbesondere die Alamannen) und viele andere frühe Völker haben uns kaum schriftliche Aufzeichnungen hinterlassen. Einiges wurde uns durch ihre Eroberer überliefert. Weiteres konnte durch die moderne Archäologie ergänzt werden.

Hier in Vorarlberg, wo ich mit meiner Familie lebe, siedelten bis ca. 800 n. Chr. die Alamannen. Es gibt hier eine »alamannische Brauchtumsgemeinschaft«. Diese Gruppe hat es sich zur Aufgabe gemacht, das alte Wissen, die kulturellen und sozialen Eigenheiten dieses Volkes sowie seine Lebensweise zu rekonstruieren. Bei ihren Nachforschungen stießen sie auf eine Schwitzzeremonie, die in Erdhäusern abgehalten wurde.

Auch in Irland fand man Überreste solcher Erdschwitzhäuser. Ihr Alter wird auf 1 500 bis 2 000 Jahre geschätzt. Es handelt sich dabei um künstlich geschaffene »Erdhöhlen« in der Landschaft, die an ihrer Kuppel eine Öffnung mit einem Verschlussstein hatten. Eine zweite, sehr kleine Öffnung befand sich ebenerdig. Auch diese konnte mit einem flachen runden Stein, der vor die Öffnung gerollt wurde, verschlossen werden. Diese Schwitzhäuser waren ca. einen halben bis einen Meter tief und kreisrund in die

Erde gegraben. In die Erdgrube wurde ein großer, sehr dicht geflochtener Weidenkorb gesetzt. Dieser wurde von außen mit Steinen gedeckt und mit Erde zugeschüttet. An der Kuppel blieb ein kreisrundes Loch offen. Bis das innere Weidengerüst verrottet war, hatte sich der Pflanzenwuchs verwurzelt und gab der Erdhöhle damit Stabilität. Auf dem Boden in der Mitte befand sich eine Feuerstelle. Hier wurde für mehrere Stunden ein Feuer entzündet, das die Hütte erwärmte. Wenn nur noch Asche übrig war, wurde oben der Verschlussstein geöffnet, damit der Rauch abziehen konnte. Anschließend setzten sich die Menschen in die erhitzte Erdhöhle.

Vielleicht waren auch heiße Steine in der Hütte, das lässt sich nicht genau ermitteln; auch nicht, ob in diesen Erdschwitzhäusern Wasser verwendet wurde. Ein Hinweis auf spirituelle, religiöse Handlungen in diesen Erdschwitzhäusern sind Kult- und Begräbnisstätten in ihrer Nähe.

Schwitzrituale der Skythen

Die Skythen sind ein Volk, das keinerlei Aufzeichnungen hinterlassen hat. Alles, was heute bekannt ist, wurde von den Angehörigen anderer Völker aufgeschrieben. Als Skythen werden einige der Reiternomadenvölker der eurasischen Steppen bezeichnet. Ab ca. 300 n. Chr. nannten die Griechen alle Völker östlich des Rheins, insbesondere nördlich des Schwarzen Meeres, Skythen. Herodot, ein antiker griechischer Historiograph,

Geograph und Völkerkundler, der von ca. 490/480 v. Chr. bis 424 v. Chr. lebte, schrieb über die Skythen:

»Es wächst nämlich in ihrem Lande Hanf, welcher dem Linnen ganz ähnlich ist, mit Ausnahme der Dicke und Größe, worin dasselbe der Hanf bei Weitem übertrifft; es wächst derselbe teils von selbst, teils wird er gesät, und verfertigen sich daraus die Thrakier sogar Kleider, welche den linnenen ganz ähnlich sind [...]. Von diesem Hanf nehmen nun die Skythen den Samen und schlüpfen dann unter die Decken; hernach werfen sie den Samen auf die durch Feuer glühenden Steine. Der hingeworfene Samen fängt an zu rauchen und verbreitet einen solchen Dampf, dass kein hellenisches Schwitzbad darüber gehen dürfte. Die Skythen aber brüllen vor Freude über ein solches Schwitzbad.«

Wie wir hier sehen, kannten auch die Griechen Schwitzbäder, in denen heiße Steine mit Wasser übergossen wurden. Jedoch waren die der Skythen laut Herodot wohl um einiges härter. Es gab außerdem bei den Griechen auch noch trockene Heißluftbäder. Das waren kleine Räume, in denen ein Becken mit Holzkohle für Hitze sorgte.

Römische Schwitzbäder

Wie wir heute aus vielen archäologischen Funden wissen, pflegten die Römer eine sehr ausgeprägte Badekultur. Bodenheizungen und Aquädukte (Wasserleitungen) zeugen von ihrer Baukunst. Die Bäder der Römer standen der Bevölkerung offen – auch wenn es unterschiedliche Bäder gab, die je nach Stand des Einzelnen in der Gesellschaft besucht werden durften. Jeder römische Bürger hatte die

Möglichkeit, sich in einer öffentlichen Badeanstalt zu waschen. Die Bäder der Römer waren nach Geschlechtern getrennt und dienten neben der Reinigung des Körpers ebenso auch heilenden Zwecken. Für solche Bäder wurden vorzugsweise Heilquellen, Thermalquellen und auch Mineralquellen erschlossen. Von hoher Bedeutung war auch der soziale Aspekt der Bäder, hier traf sich die Gesellschaft zum Austausch, zur Unterhaltung, aber auch um politische Belange zu besprechen.

Ein strukturierter Ablauf des Badezeremoniells war den römischen Bädern eigen. Zu Beginn des Baderituales betrat der Gast das *Caldarium*, einen beheizten Raum mit einem Heißwasserbecken. Hier wurde geschwitzt, ähnlich dem Dampfbad, wie wir es heute kennen. Anschließend führte der Weg in das *Tepidarium*, einen Raum mit mäßiger Hitze, in dem vorwiegend geruht wurde. Hier gab es kein Wasserbecken, der Raum wurde zum Ausruhen und Entspannen genutzt. Der nächste Raum, das *Frigidarium*, diente dem Abkühlen des erhitzten Körpers. Hier gab es ein Kaltwasserbecken. Das *Tepidarium* lag zwischen dem beheizten *Caldarium* und dem kalten *Frigidarium*, es erfüllte somit praktischerweise auch eine isolierende Funktion zwischen den beiden Räumen.

In einigen Bädern, die jedoch den Männern vorbehalten waren, gab es noch einen zusätzlichen Raum. Das sogenannte *Laconicum* oder auch *Sudatorium*. In diesem Raum befand sich ein Holzkohleofen, der ständig beheizt war. Damit wurde eine trockene Hitze von einer weit höheren Temperatur erreicht als im eher feuchten *Caldarium*.

Die russische Banja

Eine russische Banja ist eine kleine Holzhütte, die traditionell mit einem Holzofen im Inneren ausgestattet ist. Auf diesem Ofen steht ein Korb mit Steinen. Diese werden mit sehr viel Wasser übergossen. Daraus ergibt sich in der Hütte eine feuchte Hitze. Die Temperatur in einer Banja erreicht durchschnittlich 80 °C bis 100 °C.

Banjas dienen einerseits dazu, sich in den eisigen Wintern aufzuwärmen, andererseits wird die Banja auch für rituelle Reinigungen genutzt.

In größeren Banjas gibt es drei Räume, den Waschraum, den Raum zum Schwitzen und den Ruhe- und Erholungsraum. Die Besucher einer Banja klopfen ihre Körper mit Kräuterbüscheln oder auch Birkenzweigen ab, was die Durchblutung fördert und einen angenehmen Duft im Raum verbreitet.

Ein lieber Freund, der einige Zeit in der Mongolei war, berichtete mir, dass es dort auf dem Land beinahe neben jedem Haus eine kleine Holzhütte gibt. Dort brennt ein Feuer, über dem Steine liegen. Kräuter hängen an den Wänden, und ein Kessel mit heißem, dampfendem Wasser steht bereit. Ein zweiter Kessel mit kaltem Wasser steht auf dem Boden. Er erfuhr, dass sich mongolische Schamanen und auch andere Menschen, die zu einem Ritual geladen sind, vor einem spirituellen Zusammentreffen in diesen Räumen mit speziellen Kräutern reinigen.

Das südamerikanische Temazcal

(von Georg O. Gschwandler)

Schon die Maya nutzten die heilende Kraft, die entsteht, wenn die Elemente Feuer und Wasser aufeinandertreffen.

Seit Jahrtausenden ist das traditionelle Dampfbad, das Temazcal, in ganz Mesoamerika eine fixe Institution. Mit Lehmziegeln gemauert, oft reich verziert, ob auf dem Land oder in der Stadt – überall finden sich diese traditionellen Bauten, in denen geschwitzt, massiert, aber auch rituell gearbeitet wird. Vor allem die Curanderos, die traditionellen Heiler Mexikos, wissen um die Kraft und die Wirkung einer Temazcalzeremonie. Heilkräuter und Sude finden Verwendung, ebenso aber auch Gebete und Lieder.

In den letzten zwei Jahrzehnten sind ganze Temazcalanlagen entstanden, edel und allen hygienischen Maßstäben entsprechend, die vor allem Wellness und ein besonderes Erlebnis jenseits der gewöhnlichen Saunas versprechen. So findet sich auch in diesen kommerziellen Anlagen das eine oder andere Symbol als eine Reminiszenz an die Maya. Es scheint, als hätten die modernen Handwerker nicht bloß Stein auf Stein gelegen, sondern genau gewusst, was sie erschaffen würden. Die Erbauer solcher Anlagen sind mit wenigen Ausnahmen Eingeweihte.

Das Temazcal schafft Raum, Raum für die Seele und den Körper. Vor Beginn oder, genau genommen als wichtiger Teil des Rituals, wird der Boden aus gestampftem

Lehm gefegt und gewaschen. Dabei kommt oft schon der Absud bestimmter Kräuter zum Einsatz. Meist unterstützen Gebete die Reinigung, und der massive Einsatz von Copal zur Räucherung tut das Übrige. Alles Schlechte, alles Negative soll den Raum verlassen, und die guten Kräfte der heilsamen Natur sollen ihn erfüllen. Sie machen ihn zu einem heiligen Raum. Das Holz für die Steine, die glühen und mit speziellen Aufgüssen für Heilung sorgen sollen, wird besprochen und gesegnet, und auch der Gott des Feuers erhält stets eine Opfergabe.

Die Befeuerung erfolgt von außen in einem Anbau ähnlich wie ein Backofen, der durch eine dünne durchlässige Wand vom eigentlichen Temazcal getrennt ist. Andere Temazcallis werden wie eine indianische Schwitzhütte aus einer vorgelagerten Feuerstelle mit glühenden Steinen bestückt.

Menschen besuchen das Temazcal aus den unterschiedlichsten Gründen: Mal ist es Rheuma, das den Besucher plagt, eine Erkältung oder anderes Ungemach, ein anderes Mal ist es der Wunsch nach Innenschau, Reinigung und persönlicher Entfaltung. Der Besuch eines Temazcals ist ein Erlebnis, eine Selbsterfahrung, die milde und entspannend, aber auch fordernd und erschütternd sein kann. Unabhängig vom Beweggrund ist eine Sitzung im Temazcal jedoch immer eines: eine Begegnung mit Mutter Erde, mit der Natur, mit dem Selbst, mit dem, was entsteht, wenn die Elemente Feuer und Wasser sich im Ritual verbinden.

Das Temazcal ist im südamerikanischen Raum überall anzutreffen. Sehr oft sieht man es, wie hier auf diesem Bild, direkt in den Gärten der Wohnhäuser – selbst mitten in der Stadt. Das Temazcal ist in Südamerika auch heute noch eine häufig genutzte Möglichkeit der ganzheitlichen Reinigung.

Dieses Temazcal aus Mexiko wird ausschließlich von Müttern und ihren Babys genutzt. Männer haben keinen Zutritt.

Das orientalische Hamam

Im orientalischen Hamam wurde schon seit Jahrhunderten geschlechtergetrennt gebadet, geschwitzt, geheilt sowie die Gemeinschaft gepflegt. In diesen öffentlichen Bädern arbeiteten vor allem Witwen und Waisen. Dadurch hatten sie ihr Auskommen.

Die Aufgaben im Hamam waren vielfältig. Es gab Frauen, die das Feuer hüteten, denn es durfte nie erlöschen. Andere waren in Kräuterkunde ausgebildet, sie versorgten die Besucherinnen mit allerlei Heil- und Schönheitsmitteln und wieder andere leiteten die Waschungen und Ritualbäder.

Bis heute gibt es in den Hamams im arabischen Raum Ritualbäder, wie z. B. das Braut-und-Bräutigamsbad, das Wöchnerinnenbad und viele weitere spezielle Reinigungen.

In einem Hamam gibt es meistens drei Räume: einen Umkleidebereich, auf den ein mäßig warmer Raum folgt, und einen Raum zum Schwitzen. Im mäßig warmen Raum befindet sich in der Mitte traditionell eine runde Liegefläche, die als *Nabelstein* bezeichnet wird. Darauf werden Waschungen und Massagen vorgenommen. Der dritte Raum ist heiß und dient zum Schwitzen. Bis in die heutige Zeit spielen die Hamams und ihre Rituale eine wichtige Rolle im Leben der Menschen des orientalischen Kulturraums.

Die finnische Sauna

Die wohl heute weitverbreitetste Schwitzkur ist die finnische Sauna. Ursprünglich aus dem skandinavischen Kulturraum stammend, findet man finnische Saunas heute auf der ganzen Welt, vor allem seit es immer mehr Wellnesshotels gibt, in denen eine vielseitige Saunalandschaft ein Muss ist. Von den Gästen werden diese Orte der Reinigung und Erholung sehr gern angenommen.

Die klassische skandinavische Sauna ist ein beheizter Raum, der meistens vollständig mit Holz ausgekleidet ist. Mithilfe eines Saunaofens werden darin sehr hohe Temperaturen erreicht. Die Temperatur im Innenraum beträgt meistens zwischen 80 °C bis 100 °C, teilweise können sogar Temperaturen von bis zu 130 °C erreicht werden.

Oft gibt es die Möglichkeit, zwischen mehreren Saunahütten oder Saunaräumen mit unterschiedlichen Temperaturen zu wechseln. Wie in der russischen Banja werden auch in dieser Sauna gern Birkenzweige verwendet. Aufgrund der Wärme und der Feuchtigkeit sowie durch das Klopfen sondern die Blätter eine seifige Substanz ab, die die Durchblutung fördert und einen angenehmen Duft verbreitet.

Die wohl ursprünglichste Form der finnischen Sauna ist die Rauchsauna. Dabei wird ähnlich wie bei den Erdhütten direkt im Saunaraum über einem Steinhaufen ein

Feuer entfacht, das für mehrere Stunden brennt. Sind die Steine heiß, wird die Asche ausgekehrt, der Saunaraum gut durchlüftet, und dann kann für mehrere Stunden geschwitzt werden. Der Rauch des Feuers setzt sich auf den Bänken und in den Wänden ab und verbreitet einen angenehmen Geruch.

Ein Saunagang wird mit einem Kaltwassergang abgeschlossen – idealerweise in einem See oder einem anderen natürlichen Gewässer. In Wellnessanlangen befindet sich für diesen Zweck meist ein Kaltwasserbecken.

Ich bin sicher, dass es noch viel mehr Schwitz- und Baderituale auf dieser Welt gab und gibt. Ich vermute sogar, dass es keine Kultur gibt, in der eine traditionelle Form der Reinigung, auch der rituellen Reinigung, gefehlt hätte.

Die Welt hat sich weiter gedreht, und die Zeiten haben sich verändert. Wir haben heute private Badezimmer, dort pflegen und reinigen wir unseren Körper. Es gibt »Wellnessprodukte« in Hülle und Fülle. Aber auch heute noch verwenden wir das Bad als Ritualort zur Entspannung (z. B. mit Kerzenlicht und Rosenduft), zur Heilung (Erkältungsbad), zur Schönheitspflege und zur Vorbereitung auf spezielle Ereignisse (z. B. vor einer Verabredung).

Was jedoch kaum noch gepflegt wird, ist, das Reinigungsbad als gesellschaftliches Ereignis oder als geistig-spirituelle Reinigung zu vollziehen. Die Bedeutung einer ganzheitlichen Reinigung für die Gesundheit eines Menschen sollte jedoch aufgrund der wenigen historischen und heute noch gebräuchlichen Beispiele, die ich hier aufgeführt habe, jedem klar sein. Natürlich gibt es für eine solche Reinigung auch andere Möglichkeiten, wie Meditationen, Yoga, Energieübungen, Ernährungsrichtlinien und vieles mehr. Darüber schreiben jedoch andere Menschen Bücher.

Legenden und Geschichten zur Schwitzhütte

Ich selbst kenne zwei Erzählungen darüber, wie die Schwitzhütte zu den Menschen gekommen sein soll. Beide Geschichten wurden mir von nordamerikanischen *Natives* erzählt. In beiden Geschichten wird das Ritual der Schwitzhütte zu den Männern gebracht. Frauen brauchen keine Schwitzhütte – so die Meinung, die ich oft gehört habe –, weil sie einmal im Monat in ihrem Bauch sowieso eine »Schwitzhütte« haben: die Monatsblutung. In diesem Zusammenhang habe ich immer wieder von der Mondhütte der Frauen gehört. Auch dazu werde ich ein paar Worte zu meinen eigenen Erfahrungen schreiben.

Die Erzählung meines Lakota-Freunds

Die erste Geschichte handelt von der *Weißen Büffelkalbfrau*. Sie erschien zwei Lakota-Kriegern, die auf der Suche nach einer Büffelherde waren. Einer der beiden hatte »schlechte Gedanken«, als er die wunderschöne *Büffelkalbfrau* sah, und wurde augenblicklich von einem Blitz getroffen, sodass er verkohlte. Der zweite Krieger war reinen Herzens, und ihm übermittelte die *Weiße Büffelkalbfrau* eine Botschaft für sein Volk. Er ging

zurück zu seinem Stamm und traf alle Vorbereitungen, die ihm die *Weiße Büffelkalbfrau* aufgetragen hatte. Einige Tage später – im Lager war alles für ein Fest vorbereitet worden – kam die *Weiße Büffelkalbfrau* in das Lager. Sie ging zu den Ältesten und überbrachte ihnen die sieben heiligen Riten der Lakota. Diese sind:

- die Schwitzhütte – Inipi,
- die Gesänge – Olowanpi,
- die Visionssuche – Hanbleceya,
- der Sonnentanz – Wiwang Wacipi,
- das Seelenhüten – Nagi Yuhapi,
- die Verschwägerung – Hunka Kacapi,
- das Ballspiel – Tapa Wankaheyapi.

Die *Weiße Büffelkalbfrau* blieb so lange bei den Lakota, bis sie ihnen alles beigebracht hatte, was diese für ihr weiteres Leben in Respekt vor den Schöpferkräften brauchten. Auch das Ritual der Schwitzhütte für verschiedene Anlässe wurde von ihr vermittelt. Nach dieser Tradition werden bei den Lakota noch heute Schwitzhütten durchgeführt. Lakota-Schwitzhütten sind meistens nach Westen ausgerichtet.

Ich durfte bei unserem Lakota-Freund verschiedenste Schwitzhütten erleben: Hütten zur Reinigung, zur Heilung, Schwitzhütten als Taufritual oder Schwitzhütten bei Hochzeiten. Er führte auch eine Schwitzhütten durch, als jemand gestorben war. Die Seele des Verstorbenen wurde von meinem Freund in die Schwitzhütte gerufen, dort öffnete er eine spezielle Tasche, einen sogenannten »Seelenhüter«. Die Seele des Verstorbenen wird in einer solchen Tasche über längere Zeit mitgeführt. In dieser Zeit ist der

Träger der Seele mit ihr in Kontakt und für ihr Wohlergehen verantwortlich. Manchmal bekommt er von der Seele Aufträge, weil es der Verstorbene zu Lebzeiten versäumt hat, etwas zu erledigen. Es ist wichtig, dass alles Irdische abgeschlossen ist, damit die Seele in Frieden gehen kann. Irgendwann, wenn die Seele bereit ist, die Erde vollständig zu verlassen, wird wieder eine spezielle Schwitzhütte durchgeführt, an deren Ende die Tasche geöffnet und die Seele freigelassen wird.

Die Erzählung meines Crow-Freunds

Die zweite Geschichte erzählte mir ein Freund aus dem Stamm der Crow. Dort war es so, dass die Männer vor langer Zeit die Frauen um ihre Mondzeit (die Monatsblutung) beneideten. Sie erkannten, welche intensive Form der Reinigung den Frauen in dieser Zeit, wo sie die Kraft von Leben und Tod in sich vereinten, gegeben war. Die Frauen erkannten die Wichtigkeit dieser Reinigung für sich selbst und auch den Mangel für die Männer, keine vergleichbare Möglichkeit zu haben. So setzten sich die ältesten Frauen zusammen und überlegten sich eine Lösung für die Männer. In dieser Runde wurde die Idee der Zeremonie der Schwitzhütte geboren. Das ganze Ritual wurde den Männern von den Frauen geschenkt. Seither haben auch die Männer die Möglichkeit, sich intensiv zu reinigen.

Die Mondhütte der Frauen

Wenn ich mit indianischen Frauen über die Mondhütte sprach, wurde mir stets versichert, dass die Frauen dorthin gingen, wenn sie ihre Monatsblutung (Mondzeit) hatten. Die Mondhütte war eine Rückzugsstätte für die Zeit der Blutung. Diese Hütte (ein Tipi oder ein Haus) lag etwas abseits der anderen Behausungen und wurde von Witwen und kinderlosen Frauen betreut.

Eine Frau war innerhalb ihres Stammes für bestimmte Aufgabenbereiche zuständig. Es wurde hart gearbeitet, und es gab kaum Freizeit. Die Mondzeit war für die Frauen so etwas wie eine Auszeit. Im Glauben vieler indianischer Völker sind die Frauen während ihrer Mondzeit Trägerinnen einer ganz speziellen und mächtigen Kraft. Diese Kraft kann heilen, helfen und fördern, aber auch zerstören. Die Männer hatten und haben großen Respekt vor der Mondzeit der Frauen.

Die »blutenden Frauen« zogen sich in die Mondhütten, die keine Schwitzhütten waren, zurück. Sie wurden dort von anderen Frauen, den Witwen und den kinderlosen Frauen betreut. Sie konnten ruhen und entspannen, wurden massiert und verwöhnt. Allerdings lernten sie dort wie nebenbei auch alles über die Legenden, Mythen und Frauenriten des Stammes. Dass »blutende Frauen« in einer speziellen Schwitzhütte, die in neuerer Zeit als »Mondhütte« bezeichnet wird, gemeinsam schwitzen, ist eine Erfindung des New Age – so wurde mir versichert.

Die meisten indianischen Schwitzhütten werden generell geschlechtergetrennt durchgeführt, vor allem solche, die als Vorbereitung für ein weiteres Ritual, wie z. B. den Sonnentanz, dienen. Eine Ausnahme ist, wie ich es selbst in Montana erlebte, die Familienschwitzhütte. Diese wird gemischt durchgeführt. Die Frauen sind darin aber immer bekleidet.

Crow-Frauen sind in einer Frauenhütte nackt, Lakota-Frauen gehen immer nur bekleidet in die Schwitzhütte. Dabei achten sie darauf, dass die Schultern, Ellenbogen und auch die Knie gut bedeckt sind – Schwarz wird als Farbe bei der gewählten Kleidung vermieden.

In Montana erlebte ich außerdem eine gewisse Gelassenheit und Alltäglichkeit bei der Durchführung einer Schwitzhütte. Oft ähnelte diese eher einem lockeren Saunabesuch, bei dem der neueste Klatsch und Tratsch ausgetauscht wurde, Kochrezepte besprochen wurden und viel gelacht wurde. Den strengen Ritus und die zelebrierte Heiligkeit wie ich sie in Europa oft erlebe, habe ich in Montana nirgends gefunden. Selbst die Vorbereitungshütten für den Sonnentanz wurden mit Achtung und Vorsicht durchgeführt – aber auch lebendig und leicht.

Eines ist jedoch auch heute noch in indianischen Schwitzhütten ein ungeschriebenes Gesetz: *Mondfrauen* bleiben draußen, oft dürfen sie nicht einmal den Platz, auf dem die Zeremonie durchgeführt wird, betreten. Für die Frauen aus dieser Kultur ist diese Regelung eine Selbstverständlichkeit. Von europäischen Frauen, die als Trägerinnen der Erbsünde – die Blutung ist laut der Bibel die Strafe Gottes für die Verführung Adams im Paradies – stigmatisiert wurden und dann später in der Zeit der Emanzipation ein neues Bewusstsein als Frau entwickelten, wird dieser »Ausschluss« oft als Kränkung ihrer Weiblichkeit empfunden.

Wenn ich persönlich zu Besuch in einem fremden Land bei einer anderen Kultur bin, versuche ich, mich den dort bestehenden Verhaltensregeln anzupassen. Ich halte mich mit meiner eigenen Meinung zurück. Wenn ich mit einer Regelung Probleme habe, kann ich mich immer noch respektvoll zurückziehen. Oft entstehen durch unbewusste Tabubrüche oder das laute Äußern einer zu den geltenden Regeln gegenteiligen Meinung, Missverständnisse und eine ungute Stimmung. Das kann vermieden werden. Wenn ich die oft uralten, rituellen und auch gesellschaftlichen Gesetze achte und befolge, ist das ein Zeichen des Respekts vor der Andersartigkeit meiner Gastgeber.

Besuche ich hier in Europa eine Schwitzhütte, die von einem *Native* geleitet wird, so halte ich mich auch an seine Verhaltensregeln. Für die meisten Frauen, die sich in ihrer Mondzeit befinden, bedeutet dies, auf eine solche Zeremonie zu verzichten.

Wenn ich selbst eine Schwitzhütte abhalte, dann frage ich die Frauen, ob sie in ihrer Mondzeit sind. Eine Frau, die in ihrer Mondzeit ist, hat einen anderen Energiefluss als während des übrigen Monats. Wenn eine *Mondfrau* in der Hütte ist, kann dieser »veränderte« Energiezustand bei Männer manchmal zu Kopfschmerzen und anderen Beschwerden führen. Um dies zu vermeiden, ist es für die anwesenden Männer wichtig, bewusst ihr Wurzelchakra zu öffnen. Deswegen möchte ich wissen, wenn eine *Mondfrau* anwesend ist, damit ich den Männern die Zusammenhänge erklären kann. Der *Mondfrau* selbst empfehle ich, nur zwei Runden in der Hütte zu bleiben. Sie steht in dieser Phase ihres Zyklus symbolisch zwischen Leben und Tod. Die Schwitzhütte, in ihrer Symbolik der Neugeburt, geht über vier Runden. Die *Mondfrau* geht nach der Hälfte hinaus, das entspricht ihrer momentanen Zyklusenergie. Meine Erfahrung zeigt, dass die meisten *Mondfrauen* nach der zweiten Runde ohnehin von sich aus genug haben.

Symbolik der Schwitzhütte

Für mich, aber auch im Verständnis der meisten Traditionen, die ich kennengelernt habe, ist der ganze Platz, an dem eine Schwitzhütte steht, ein Ausdruck der Welt und ihrer Kräfte. Alle Teile stehen miteinander in Beziehung: Die Feuerstelle, der Weg zur Hütte, der Altar und die Hütte selbst symbolisieren die Schöpferkräfte, die Befruchtung, die Segnung und die Neugeburt. Altes wird in der Schwitzhütte abgegeben, es wird gedankt, geweint, gesungen, gelacht, gebetet – in der Geborgenheit der Dunkelheit, in der Wärme und der Feuchtigkeit der Schwitzhütte – im Bauch von Mutter Erde, in der Gebärmutter von *Gaia*. So wie die Hütte selbst für den Bauch von Mutter Erde steht, für das nährende, beschützende Element, so steht die Feuerstelle für Vater Himmel und für Großvater Sonne, das leuchtende, befruchtende Feuer. Die heißen Steine, die ihren leuchtenden Weg in die Hütte gehen, sind unsere Großmütter und Großväter. Erhitzt durch die männliche Kraft befruchten sie uns im Schoße der Weiblichkeit mit ihrem uralten Wissen von den Welten und dem Universum. Es ist die Vereinigung von Himmel und Erde.

Durch das Wasser, das wir in der Schwitzhütte verwenden, entsteht Dampf. Das ist die Vereinigung von Luft und Wasser: der Luft, die wir zum Atmen brauchen, und des Wassers, aus dem wir selbst zu 70 % bestehen (wie übrigens auch die Erde zu 70 % mit Wasser bedeckt ist).

Alle vier Elemente sind in der Hütte vereint. Das fünfte Element sind für mich die Menschen, die an der Schwitzhütte teilnehmen. Sie tragen die vier Elemente in sich. Das fünfte Element, der Äther, der Geist, das Unbegreifliche, bin ich also selbst: eines von so vielen verschiedenen Kindern der Schöpferkräfte, ein Menschenwesen. Mit unseren Gebeten und Gesängen erwecken wir unsere Seele, unseren göttlichen Funken, wir Menschen nehmen Kontakt zu unserem inneren Feuer auf. Wir lernen uns selbst als Kind dieser Schöpfung kennen.

Der Altar, der im Bereich des Weges von der Feuerstelle zur Hütte liegt, ist die Verbindung zu den Verbündeten und den Ahnenkräften. Auf dem Altar liegen Räucherwerk, Federn, Rasseln sowie andere Zeremoniegegenstände. Hier können die Menschen in der Zeit vor der Zeremonie ihre Gebete sprechen und Tabak, Kräuter, Schnaps, Kekse oder andere Geschenke an die Anderswelt-Wesen niederlegen.

In dem Abschnitt »Aufbau einer Schwitzhütte« werde ich noch näher auf die Symbolik einzelner Bereiche der Schwitzhütte und des Rituals eingehen.

Logistische und mentale Vorbereitung einer Schwitzhütte

Der Aufwand für eine Schwitzhütte, selbst wenn ein fixer Platz vorhanden ist, ist ziemlich groß.
Wer regelmäßig Schwitzhütten durchführen möchte, sollte daher gut organisiert sein.

So schön es auch ist, eine Schwitzhütte irgendwo im hintersten Winkel eines Tals mitten in der Natur aufzustellen, an einem Platz, an dem sonst nie ein Mensch vorbeikommt, so aufwendig ist dies auch. Für Decken, Steine, Holz und weiteres Zubehör wird ein ganzer PKW-Anhänger benötigt. Wenn der Platz nur zu Fuß erreichbar ist, muss dies alles hingetragen werden. Wir haben die Erfahrung gemacht, dass das den meisten Teilnehmern ziemlich schnell zu viel wird. Hütten in abgelegenen Naturlagen werden dementsprechend wenig bis gar nicht genutzt.

Die Auswahl des Platzes

Ein Platz, der regelmäßig genutzt werden soll, liegt zwar idealerweise in der Natur, ist jedoch auch mit dem Auto gut erreichbar. Ein kleiner Schuppen, um das ganze Zubehör wie Deckmaterial, Schaufeln, Heugabeln, Wasserkübel usw. zu lagern, empfiehlt sich sehr. In diesem Schuppen sollte es die Möglichkeit geben, die Decken aufzuhängen, falls diese während einer Schwitzhütte nass geworden sind. Wenn es keinen Bach oder eine andere Möglichkeit, an Wasser zu kommen, in der Nähe gibt, sollte daran gedacht werden, genug Wasser mitzubringen, damit sich die Teilnehmer zumindest oberflächlich waschen können.

An unserem eigenen Schwitzhüttenplatz können wir genügend Holz und Steine für mehrere Hütten bereithalten. Steine sammeln wir meist an schönen Tagen im Frühjahr (oft mehrere hundert Stück) gemeinsam mit Teilnehmern, die unsere Schwitzhütten besuchen. Unser Schwitzhüttenplatz befindet sich auf dem Grundstück eines Gasthofs. In diesem Gasthof können sich die Teilnehmer umziehen und nach der Schwitzhütte duschen. Dort gibt es nach der Hütte auch etwas Warmes zu essen. Wir haben über sieben Jahre nach einem solchen Platz gesucht. Der Standort sollte wirklich gut überlegt sein. Idealerweise ist der Platz eben. Einer unserer ersten Schwitzhüttenplätze lag an einem Hang hoch in den Bergen. Bevor wir die Schwitzhütte dort aufbauen konnten, mussten wir von Hand ein künstliches Plateau schaffen. Wir arbeiteten viele Tage lang, um eine ebene Fläche von 4 x 7 Metern zu erhalten.

Die Vorbereitung des Platzes

Hat man einen geeigneten Platz gefunden, muss dieser zunächst gesäubert werden. Bei unserem Platz bedeutete dies neben der energetischen Reinigung auch viel körperliche Arbeit. Wir mussten uns unseren Platz erst »erarbeiten«, aber so wurde der Platz auch – symbolisch betrachtet – geboren. Unser Platz befindet sich auf einer Lichtung, die einst völlig mit Unkraut überwuchert war. Außerdem wurde diese Lichtung 20 Jahre lang von der Küche des Gasthofs als großer Komposthaufen genutzt. Küchenabfälle und organischer Müll wurden dort entsorgt und zu Erde abgebaut. Für uns ergab sich dadurch eine sehr schöne Symbolik. Auch im Rahmen der Schwitzhütte befreien wir uns ja von »Müll«, von allem, was in uns gärt und uns vergiftet. Dieser wird mit, in und durch Mutter Erde gereinigt und zurück in den Kreislauf des Lebens geführt. Für uns war es also kein Widerspruch, diese Lichtung für unsere Schwitzhütte zu säubern.

Durch die jahrelange Nutzung als Komposthaufen war eine dicke Schicht von schlickigem, lehmigem Erdreich entstanden, das mein Mann Marcel in stundenlanger Arbeit von Hand abtrug. Danach bestellten wir eine ganze LKW-Ladung Sand. Ein Freund von uns, ein erfahrener Landschaftsgärtner, hatte uns Sand empfohlen, weil dieser mit der Zeit das restliche Erdreich, das durch die Kompostierung »überdüngt« worden war, »neutralisieren« würde.

Anschließend erfolgte die energetische Reinigung des Platzes. Es gibt viele individuelle Möglichkeiten, um einen Platz energetisch zu reinigen. Hier beschreibe ich meine Art, dies zu tun. Nachdem ich mich selbst energetisch vorbereitet habe, kündige ich mich mit ein paar kurzen Worten an dem Platz an und setze mich hin. Dann bitte ich die Hüter des Platzes, sich mir zu zeigen. Ihnen erkläre ich, was ich an diesem Platz vorhabe und bitte sie um Zustimmung und Unterstützung für mein Tun. Ich frage sie, ob sie sich von mir etwas als Ausgleich wünschen und erfülle diese Wünsche auch. Dann rufe ich auf meine Art meine Verbündeten, meine Ahnen und die Kräfte der Elemente. Mit meinem Kraftlied und mit Räucherungen reinige ich anschließend den Platz. Salz, Schnaps, Salbei und Tabak lege ich als Dank an meine Verbündeten nieder.

Im nächsten Schritt bestimme ich die Himmelsrichtungen und überlege mir, in welche Richtung meine Schwitzhütte ausgerichtet sein soll. Steht sie im Osten, habe ich die Morgensonne, im Westen die Abendsonne. Die Energiequalitäten sind unterschiedlich.

Ich habe beides kennengelernt, und die Tür unserer Hütte ist nach Osten ausgerichtet. Die Menschen betreten die Hütte also aus dem Osten kommend mit dem Blick in Richtung Westen. Sie verlassen sie mit der Energie des Neubeginnes, der Geburt in Richtung Osten. Ganz bei uns in der Nähe in Sevelen in der Schweiz stehen vier Schwitzhütten um eine große zentrale Feuerstelle. Jede der vier Türen ist einer anderen Himmelsrichtung zugewandt. Auch das ist also möglich. Was die Ausrichtung der Tür betrifft, sollte jeder für sich selbst entscheiden, welche Qualität er nutzen möchte.

Ich persönlich ordne dem Osten die Kraft und die Medizin des Elements Luft zu: Neubeginn und Geburt, Morgengrauen und ein neuer Tag. Im Süden brennt das Element Feuer mit der Kraft und Medizin der Vision, Transformation, Fruchtbarkeit und Lebensfreude. Der Westen steht für die Kraft des Wassers, den Ahnenfluss des Bluts, die Emotionen, den Abend und die Kraft der Nacht, der Rückschau und des Abschieds. Zeigt die Tür nach Norden wirkt besonders das Element Erde, meine geistigen Ahnen, die Schöpferkräfte und die Anderswelten werden eingeladen. Jedes andere Modell der Himmelsrichtungen und ihrer Entsprechungen kann ebenfalls errichtet werden, solange es von Herzen kommt und der Gesamtheit der Schöpfung dient.

Beobachte die Natur, fühle den Wind, das Wasser, die Sonne und Mutter Erde auf deinem Körper und in dir selbst. So wirst du herausfinden, wie der Platz für deine Schwitzhütte aussehen soll und wo er ist. Dann lege den Mittelpunkt der Schwitzhüte fest. Die Mitte des Erdlochs *Pit* ist »der Nabel der Welt«.

Aufbau einer Schwitzhütte

Immer wieder überlegen mein Mann Marcel und ich uns, ob wir eine Erdschwitzhütte bauen sollen. Leider ist die Umsetzung dieses Wunsches hier in Vorarlberg unmöglich. Den Sicherheitsvorschriften und Bauauflagen unseres Landes würde diese »Sauna« kaum entsprechen. Daher verwenden wir bei unserer Schwitzhütte das bekannte Gerüst aus Weiden- oder Haselnussstämmen.

Bei den meisten nordamerikanischen *Natives* dürfen nur bestimmte Stammesmitglieder Schwitzhütten bauen. Bei Weitem nicht jeder, der eine Hütte aufgießen kann, darf auch eine Hütte bauen. Das hat gute Gründe. Viele Stämme haben ihre eigene Kosmologie einer Schwitzhütte. Sie ist stark mit der jeweiligen Stammeskultur und den Traditionen verbunden. Manchmal werden auch zu unterschiedlichen Ereignissen verschiedene Bauarten verwendet.

Das Wissen um die Kraft, die im Gerüst der Hütte liegt, das Bewusstsein, einen kleinen Kosmos zu erschaffen, die Verbindung zu den Ahnen und den Anderswelten, das alles ist meiner Meinung nach Grundvoraussetzung, damit eine Schwitzhütte gebaut werden kann. Wenn du dich dazu entschließt, eine Schwitzhütte zu bauen, tue dies bitte in Achtung und Respekt vor der wunderschönen Kraft dieses uralten Rituals.

Ich möchte hier darlegen, wie ich eine Schwitzhütte aufbaue. Dies ist mein persönliches Verständnis der »Architektur« dieser Höhle. Ich erhebe keinen Anspruch darauf, damit irgendeiner Tradition zu folgen. Jede andere Art, eine Schwitzhütte zu bauen, ist ebenso möglich und wahrscheinlich ebenso richtig.

Unser Crow-Freund hat in einer Vision eine Schildkrötenschwitzhütte gesehen und bei uns in Europa auch eine solche erbaut. Unsere langjährige Freundin Antara Reimann hat nach einer persönlichen Vision eine Drachenhütte gebaut. Sie wird in diesem Buch noch davon berichten.

Ich habe Schwitzhütten mit zwölf, mit 16, aber auch mit 28 Weidenstämmen gesehen, ganz niedrige oder kuppelförmige Schwitzhütten, solche mit kleinen Türen oder auch mit großen Türen.

Um eine Schwitzhütte aufzubauen, solltest du dir einen ganzen Tag Zeit nehmen und ein paar Leute einladen, dir zu helfen. Es ist ein Gemeinschaftsritual, das schon beim Erschaffen der Hütte beginnt.

Ich verwende für unsere Hütte insgesamt 28 Weiden (oder Haselnuss)-Äste, zwölf Weiden, die in den Boden gesteckt werden, zwei für die Tür und 14 für die Rundungen. Die Weiden sollten möglichst frisch geschnitten werden. Wenn sie schon einige Tage vorher geschnitten werden, müssen sie unbedingt sofort eingewässert werden, damit sie biegsam bleiben. Oft werden nicht alle gebraucht, manche brechen aber auch, und dann ist man froh, wenn Ersatz zur Hand ist.

Das Frühjahr ist ideal, um die Stämme für die Schwitzhütte zu schneiden und diese aufzubauen. Im Frühjahr lässt sich die Rinde der Weiden sehr leicht abziehen. Die langen, frischen Rindenfasern sind das beste Bindematerial für die Schwitzhütte. Ansonsten können Stoffstreifen verwendet werden, um die Stämme zusammenzubinden. Die Stämme sollten an ihrem unteren Ende maximal fünf Zentimeter Durchmesser haben und ungefähr zweieinhalb bis drei Meter lang sein, je nachdem wie groß die Hütte werden soll. Dickere Stämme lassen sich oft schwer biegen und brechen auch leichter ab.

Wenn ich nun die Weiden an meinen gereinigten Platz gebracht und auch schon den Mittelpunkt der Hütte festgelegt habe, bestimme ich als Erstes den Durchmesser und die Tiefe dieses Loches und hebe es entsprechend aus.

Mit der Erde aus diesem Loch errichte ich den Altar für die Schwitzhüttenzeremonie. Dabei ist es mir überlassen, ob sich dieser Altar rechts oder links neben der Tür befindet. Es gibt auch eine Varianten, bei denen der Altar in der Mitte auf dem Weg von der Schwitzhütte zur Feuerstelle liegt. Spüre selbst, wie es für dich stimmt und was deine Verbündeten dir flüstern.

Nun wird festgelegt, wie groß die Hütte werden soll. Dazu wird eine Person mittlerer Größe mit den Füßen an den Rand des Erdloches und mit dem Kopf in Richtung Osten gelegt. Oberhalb des Kopfes wird nun ein Stein hingelegt. Die Breite der Schultern ist ein gutes Maß für die Breite der Tür. Auf diese Weise werden die Positionen der ersten beiden Löcher, in die die Weidenstämme gesteckt werden sollen, festgelegt. Wenn noch mehr Helfer anwesend sind, kann sich je eine Person in jede Himmelsrichtung legen, so ist es am einfachsten, die Größe der Hütte festzulegen.

Ich gehe nun am gedachten Kreis 90° im Uhrzeigersinn weiter und lege die nächsten beiden Stellen für die Pfosten fest. Wenn ich alle vier Himmelsrichtungen mit je zwei Steinen in Schulterbreite gekennzeichnet habe, markiere ich die vier Zwischenhimmelsrichtungen.

An den so markierten Stellen müssen jetzt die Löcher für die Weidenstämme geschlagen werden. Die Löcher sollten mindestens 50 Zentimeter tief sein. Es empfiehlt sich, dafür einen Eisenpflock und einen großen Hammer zu verwenden. Die Löcher sollten in starker Schräglage von der geplanten Hütte weg geschlagen werden (ca. 45°). Diese Arbeit wird wiederum im Uhrzeigersinn reihum verrichtet.

Sobald ein Loch tief genug ist, kann ein wenig Tabak, Salz, ein Kristall oder eine andere Gabe deiner Wahl hineingelegt und anschließend der Weidenstamm darauf gesetzt werden. Wenn alle Weidenstämme reihum in der Erde stecken, brauchst du immer noch mindestens zwei weitere Personen.

Die Weidenstämme werden nun in einer bestimmten Reihenfolge miteinander verwoben. Um die Weiden zu biegen, gibt es eine besondere Technik: Ich stelle mich mit dem Rücken – den Blick ins Innere der Hütte gerichtet – an den Weidenstamm, der in seinem Loch fest verankert ist. Mit der Außenkante meines Fußes stehe ich ganz dicht an dem Stamm, sodass ich Druck auf ihn ausüben kann. Ich greife mit beiden Händen über den Kopf nach dem Stamm hinter mir und umfasse ihn. Nun beuge ich mich langsam nach vorn. Den Stamm halte ich dabei gut fest. Auf diese Weise wird der Stamm durch den Gegendruck von Füßen, Beinen, Gesäß und Rücken gebogen. Bei dieser Vorgehensweise kann ich außerdem gut spüren, wenn die Spannung zu groß wird und der Stamm zu brechen droht.

Mein Helfer biegt die Weide auf der gegenüberliegenden Seite des Gerüsts auf dieselbe Art so weit wie möglich nach unten. Anschließend verflicht ein dritter Helfer diese beiden Stämme.

Großmutter Mond (1) wird mit Großvater Sonne (2) verbunden, Mutter Erde (3) wird mit Vater Himmel (4) verbunden. Das Reich der Mineralien (5) wird mit dem Reich der Pflanzen (6) verbunden –, hier und in der Folge wird darauf geachtet, dass die Weiden jeweils einmal über und einmal unter den schon bestehenden Bögen durchgezogen werden, am besten gegengleich.

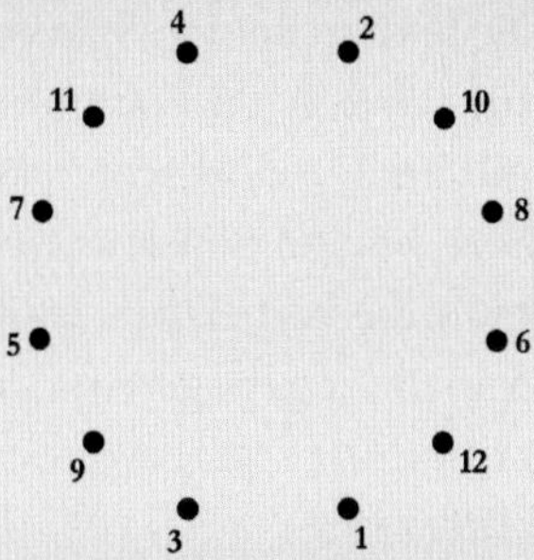

Weiter geht es mit dem Reich der Menschen (7), das mit dem Reich der Tiere (8) verbunden wird. Nun gehe ich im Uhrzeigersinn wieder bis zum »Osten«. Die Zwischenhimmelsrichtungen werden nun verbunden und damit die Elemente in die Hütte gebracht. Diese vier Weidenstämme treffen sich in der Mitte des Quadrates, welches sich aus den bisherigen Stämmen in der Mitte über dem Erdloch gebildet hat. Ich verbinde hier die Luft (9) mit dem Wasser (10) und dann das Feuer (11) mit der Erde (12).

Der nächste Schritt sind die vier »Ringe«, die um die Hütte gelegt werden. Der erste Ring ist der Erdboden selbst, er steht für die Zeit der Geburt, des Ins-Leben-Kommens. Der zweite Ring steht für den Übergang vom Kind zum Jugendlichen. Der Abstand zwischen diesen beiden Ringen steht somit für die Kindheit. Der dritte

Ring symbolisiert den Übergang zum Erwachsenen, und der letzte Ring, oben um das Quadrat über dem *Pit*, steht für den Übergang in den vierten Lebensabschnitt, die Zeit des alten weisen Menschen. Die Ringe werden aus den restlichen Weidenstämmen geflochten. Dabei fangen wir an der Tür an und bewegen uns wieder im Uhrzeigersinn um die Hütte herum. Bei der ersten »Weidenstammrunde« wird der Eingangsbereich ausgespart. Der Stamm wird dabei abwechselnd nach innen und nach außen geführt. Je nach Größe der Hütte werden mehrere Stämme gebraucht.

Bei den anderen Umrundungen gehe ich auf die gleiche Weise vor nur ohne die Aussparungen für die Tür. Die letzten beiden Stämme sind für die Tür. Dafür wird je ein Stamm im Osten angesetzt, jeweils an den dort schon stehenden Stämmen. Diese beiden Stämme werden ebenso verankert wie die vorherigen. Dann werden die beiden zueinander gebogen und an der zweiten Weidenrundung festgebunden. Jetzt ist das Gerüst der Schwitzhütte fertig.

Wenn genügend Helfer anwesend sind, können diese in der Zwischenzeit schon die Feuerstelle anlegen, ansonsten ist dies der nächste Schritt. Die Entfernung der Feuerstelle zur Hütte kann auf unterschiedliche Art ermittelt werden. Sie liegt jedoch immer in gerader Linie zur Tür und zum Erdloch (*Pit*). Die Entfernung wird entweder von der Tür oder vom Erdloch aus festgelegt. Meist sind es vier, sieben oder neun große Schritte.

Der Abstand von der Tür unserer Hütte bis zum Rand der Feuerstelle beträgt bei uns sieben Schritte. Es ist sinnvoll, die Feuerstelle zu befestigen. Auch dazu gibt es verschiedene Möglichkeiten. Unsere Feuerstelle wurde ursprünglich in beide Richtungen offen, mit einem Wall auf jeder Seite, angelegt. Mittlerweile hat sie eine »Hufeisenform«.

Ist dies alles erledigt, ist der Platz vorbereitet.

Der Feuerhüter

Die Arbeit des Feuerhüters ist eine sehr wichtige und verantwortungsvolle. Daher lege ich großen Wert darauf, meinen Feuerhüter gut einzuarbeiten. Er oder sie ist meine rechte Hand bei der Durchführung der Schwitzhütte. Im Folgenden beschreibe ich die Aufgaben eines Feuerhüters. Seine Hauptaufgabe ist der Aufbau des Feuers, meistens gemeinsam mit dem Leiter. Sollte es allerdings nötig sein, dass der Feuerhüter das Feuer schon vor Eintreffen des Schwitzhüttenleiters aufbaut und entzündet, so sollte er dazu auch allein in der Lage sein.

Die Feuerstelle wird zuerst gereinigt, dann segne ich sie mit etwas Tabak und einigen Kräutern. Ich lege zunächst zwei Holzstämme in Ost-West-Richtung in die Grube, die nächsten beiden darauf in Nord-Süd-Richtung. In die Mitte gebe ich Kleinholz und Zunder. Dann decke ich dieses »Karo« mit Holzstämmen zu (*Bett*). Meistens machen wir zwei solche *Betten*, auf die dann die Steine gelegt werden.

Eine Variante ist, auf dem *Bett* weitere »Umrandungen« aus Holz für das »Haus der Steine« anzulegen. Danach wird oben noch eine Abdeckung angebracht, das *Dach*. Eine andere Möglichkeit ist, die Steine auf das *Bett* zu legen und dann weitere Holzbalken rundherum anzulehnen. Diese Form sieht dann aus wie ein Tipi. Die übertragene Bedeutung davon ist die, den Steinen, die ja unsere Großväter und Großmütter sind, ein Haus zu bauen, in dem sie für uns erhitzt werden können.

Wenn nun die Feuerstelle mit den Steinen aufgebaut ist, werden die Medizin und die Kraft des Feuers herbeigerufen. Ich bitte diese dann, uns mit ihrer heilenden und stärkenden Energie zu unterstützen. Dann entzünden wir das Feuer. Dafür verwende ich selbst gemachte Brennhilfen. Ich fülle Sägespäne in Eierkartons ab, übergieße diese mit flüssigem Wachs und lasse die Eierkartons dann trocknen. Jede dieser gefüllten Kartonecken brennt zwischen zehn und 15 Minuten lang.

Steine, die eventuell herunterfallen, werden vom Feuerhüter mithilfe einer Heugabel wieder aufgelegt. Die Steine müssen immer gut mit Holz bedeckt sein. Es ist auch Aufgabe des Feuerhüters, den Zeitpunkt bekannt zu geben, zu dem die Steine »reif« sind.

Eine weitere Aufgabe des Feuerhüters ist es, den Wassereimer für den Aufguss und den Eimer für das Trinkwasser zu füllen. Die Baumbesen für die Schwitzhütte und um die Steine zu reinigen werden auch vom Feuerhüter vorbereitet.

Wenn die Menschen bereit sind, in die Hütte zu gehen, werden sie vom Feuerhüter mithilfe einer Räucherung gereinigt und anschließend eingeladen, den Bauch von Mutter Erde zu betreten. Wie dies genau zu geschehen hat, wird dem Feuerhüter vom Leiter der Hütte vorher gesagt.

Dann folgt die anstrengendste und wichtigste Arbeit des Feuerhüters. Er bringt die Steine in die Hütte. Vorsichtig und mit viel Gefühl werden die Steine vom Holz befreit und mit der Heugabel aus der Feuerstelle gehoben. Durch Holzkohlestücke, die mit den Steinen in die Schwitzhütte gelangen, kann dort eine starke Rauchentwicklung entstehen. Solche Kohlestücke sollten daher vorher vom Feuerhüter mit einem Baumbesen weggewischt werden.

Für einen Baumbesen nehmen wir einige Zweige eines Baumes und binden diese mit einem Stück roten Stoff zu einem kleinen Besen zusammen. Davon machen wir zwei, einen für den Feuerhüter und einen für den Leiter in der Schwitzhütte. Am besten eignen sich dafür Birkenzweige, Haselnusszweige oder im Winter Tannenzweige.

Der Baumbesen kann auch verwendet werden, um die »Hitze in die Haut zu klopfen«. Das fördert die Durchblutung und ist sehr angenehm. Dafür wird der Baumbesen vom Leiter rundherum gegeben, und jeder Teilnehmer kann sich damit abklopfen. Manchmal spritze ich irgendwann im Lauf der Schwitzhütte mit dem Baumbesen kaltes Wasser auf die Teilnehmer.

Einige Steine zerbrechen möglicherweise schon in der Feuerstelle, andere bleiben ganz. Es ist ein Zeichen von Achtsamkeit und Feinfühligkeit, möglichst viele heile Steine in die Hütte zu bringen. Der Feuerhüter reicht die Steine mit der Heugabel in die Hütte herein, wo diese vom

Leiter abgenommen wird. Wenn der Feuerhüter die Heugabel zurückbekommt, zieht er diese immer am Boden liegend aus der Hütte heraus.

Jeder Stein wird angekündigt. Dafür gibt es wiederum verschiedene Möglichkeiten. »Aho«, »Hoi« oder »Großvater/Großmutter kommt« sind einige Beispiele. Anweisungen für die einzelnen Runden bekommt der Feuerhüter vom Schwitzhüttenleiter. Sind alle erforderlichen Steine in der Hütte, wird die Tür von außen geschlossen.

Der Platz des Feuerhüters ist vor der Tür der Hütte, wenn alle Schwitzhüttenteilnehmer darin sind. Er behütet nun den Eingang in jeder Hinsicht. Manchmal wird der Feuerhüter in die Gebete der Runde einbezogen. Er spricht dann von seinem Platz aus sein Gebet, so wie die anderen dies in der Hütte tun. Kommt ein Teilnehmer vor dem Ende der Schwitzhütte hinaus, kümmert sich der Feuerhüter um diesen. Am Ende der Schwitzhütte, wenn alle aus der Hütte kommen, werden sie vom Feuerhüter in ihrem neuen Leben begrüßt. Der Leiter verlässt die Schwitzhütte als Letzter.

Während der letzten Runde kann der Platz um die Hütte vom Feuerhüter sauber gemacht werden, damit die Menschen aus der Hütte in ein klares Umfeld treten. Nach der Schwitzhütte ist es die Aufgabe des Feuerhüters, die Feuerstelle zu sichern und alles Zubehör wie Eimer, Schaufel, Gabel und anderes wieder zu verstauen.

Ethische Voraussetzungen des Leiters

Hier möchte ich einige Dinge erläutern, die, meiner persönlichen Meinung nach, als Voraussetzung für einen verantwortungsvollen Schwitzhüttenleiter wichtig sind. Religion oder Glauben spielen für einen Schwitzhüttenleiter nur insofern eine Rolle, als dass er bereit sein sollte, jeden Menschen – egal welcher Glaubensrichtung – in der Hütte als Kind der Schöpfung anzusehen. Religiöse Differenzen haben bei diesem Ritual keinen Platz. Ich singe mit den Menschen in der Hütte das christliche Vaterunser ebenso wie das indische Sarasvati oder auch das jüdische Adonai. Jeder Menschen kann in seiner eigenen Sprache zu seinen Geistern und zu seinem eigenen Gott sprechen.

In der Position des Leiters bin ich Diener. Ich diene dem Ritual, den Schöpferkräften und den Menschen, die in die Hütte kommen. Meine Aufgabe ist es, die Töne zwischen den Zeilen zu hören, die aus der Geisterwelt und auch die der Teilnehmer, und auf diese zu reagieren. Als Leiterin verstehe ich mich auch als »Hebamme«, die den Menschen aus der Hütte hinaus in ihr neues Leben hilft. An diesem Platz befinde ich mich niemals, weil es um mich geht – an diesem Platz sitze ich, weil ich bereit bin, dem Wohl der Gemeinschaft zu dienen.

Bin ich wirklich bereit, den Tanz mit den Elementen zu tanzen? Bin ich in der Lage, mich von den Geistigen Welten führen zu lassen? Kann ich mein Ego so weit zurücknehmen, dass ich wirklich im vertrauensvollen Dienen für die Gemeinschaft bin? Bei den meisten nordamerikanischen *Natives* muss ein zukünftiger Schwitzhüttenleiter erst einmal viele Jahre das Feuer hüten und die Steine in die Hütte tragen. Bei dieser Arbeit lernt man die Demut und das Dienen ganz schnell. Dabei erfährt man, was es heißt, vorsichtig und achtsam zu arbeiten, für die Gemeinschaft da zu sein, auf die Menschen in der geschlossenen Hütte achtzugeben und noch vieles mehr.

Auch ich habe sieben Jahre lang Feuer gehütet, Steine getragen, Wasser gereicht und dem Leiter assistiert, bevor ich meine erste eigene Hütte aufgießen konnte und auch durfte (von meinem ersten missglückten Versuch einer Schwitzhütte habe ich in der Einleitung schon erzählt).

Es ist auch wirklich sinnvoll, über einen langen Zeitraum hinweg Schwitzhütten von verschiedenen Leitern zu besuchen, den Platz des Feuerhüters zu übernehmen und so Erfahrungen zu sammeln, bevor man mit dem Gedanken spielt, sich an den Platz des Leiters zu setzen. Wie meine eigene Erfahrung oder auch das Beispiel aus Sedona zeigen, kann ziemlich viel schiefgehen, wenn man diesen Platz zu früh einnimmt.

Es waren auch schon Menschen bei mir, die meinten: »Ich habe schon so viel Schamanismus gemacht und so viele andere spirituelle Sachen, ich lerne an einem Wochenende, wie so eine Hütte abgehalten wird.« Meist gehören diese Schwitzhüttenteilnehmer dann zu den ersten, die sich hinlegen oder die Hütte verlassen.

Ein weiterer wichtiger Punkt ist die Tagesverfassung des Schwitzhüttenleiters. Jeder Mensch hat auch mal schlechtere Tage, das ist normal. Ich selbst bin in der glücklichen Situation, dass ich, wenn an einem solchen Tag ein

Schwitzhüttentermin ist, diesen an meinen Mann abgeben kann. Ich habe aber auch schon Hütten abgesagt, weil ich in schlechter Stimmung war oder mich gesundheitlich angeschlagen fühlte. Das traditionelle Schwitzritual wehrt sich selbst gegen Hochmut, Arroganz und Egotrips – das ist meine persönliche Erfahrung, die ich jedem, der überlegt, diesen Weg zu gehen, mitgeben möchte.

Achtung vor dem Leben, Respekt vor den Geistigen Welten, Vertrauen in die Schöpferkräfte, Liebe zur Gemeinschaft und zu den einzelnen Menschen sowie das Wissen um den eigenen Platz innerhalb des Rituals sind die grundlegenden Voraussetzungen eines verantwortungsvollen Schwitzhüttenleiters.

Vorbereitung auf das Schwitzhüttenritual

Als Leiter mache ich mir im Vorfeld Gedanken zu einer Hütte. Ich beschreibe hier meine persönliche Art, diese Vorbereitungen zu treffen. Wenn ich auf Wunsch einer Gruppe von Menschen eine Schwitzhütte veranstalte, so wird von dieser Gemeinschaft meistens ein Thema vorgegeben. Bei einer offenen Hütte frage ich bei meinen Verbündeten nach. Ich bitte meine Verbündeten ungefähr zehn bis 14 Tage vorher, mir das gemeinsame Thema der Menschen, die zu diesem Termin zusammenkommen, zu nennen.

Dabei kann alles Mögliche, wie z. B. Selbstwertgefühl, Eigenliebe, Angst oder Missbrauch als Information kommen. Damit kenne ich die Grundenergie der Hütte. Um diesen ersten Impuls herum bauen sich in den Tagen vor der Schwitzhütte die restlichen Informationen zum Ablauf der Zeremonie auf. Ein guter Kontakt sowie Sicherheit und Vertrauen zu den eigenen Verbündeten sind Voraussetzung dafür. Damit meine ich, dass es Situationen gibt, in denen ich mich voll und ganz auf meine Führung verlassen muss.

Ich erfahre außerdem von meinen Verbündeten, ob ich im Vorfeld etwas Spezielles beachten soll. Tabak, Salz, Räucherwerk, Schnaps und »essbare« Kleinigkeiten als Opfergaben für den Altar habe ich sowieso immer dabei. Aber es kann sein, dass z. B. zusätzlich ein Kreis aus Mehl gezogen werden soll oder ein eigener »Pate« (z. B. Pan, ein Drache, Jesus, Maria Magdalena usw.) für die Hütte herbeigerufen werden soll. Eine andere Anweisung könnte sein, dem Aufgusswasser Salz oder Kräuter beizugeben. Weitere Informationen zu den Räucherungen, zur Anzahl der Steine, zu einer eventuellen Sitzordnung und viele andere Hinweise ergeben nach und nach den gesamten Ablauf der Zeremonie.

Ich bin immer früh genug am Platz, um in Ruhe meine persönlichen Vorbereitungen treffen zu können. Es ist nicht förderlich, wenn ich als Leiter gestresst ankomme und dann unter Zeitdruck noch alles erledigen muss.

Gemeinsam mit meinem Feuerhüter bereite ich dann die Räucherungen und alle anderen Dinge, wie Honig, Salz, Apfel mit Messer, Met und Flaschenöffner usw. vor. Danach gebe ich meine Anweisungen an den Feuerhüter, was ich in welcher Runde benötige. Alle anderen Vorbereitungen wie Baumbesen binden, Wasserkübel füllen, Tassen oder andere Trinkgefäße bereitstellen, übernimmt er.

Ich kann mich an eine außergewöhnliche Schwitzhütte erinnern, bei der ich im Vorfeld an meinen Verbündeten zweifelte. Sie gaben mir den Auftrag, in der Hütte ein Gebet in fünf Runden durchzuführen. Ich sollte in der ersten Runde Erzengel Michael rufen, in der zweiten Runde den Meister des violetten Strahls St. Germain, in der dritten Runde die Engel des violetten Strahls, in der vierten Runde die Schöpferkräfte und die Wesen der Elemente. Die fünfte Runde sollte die Dankesrunde aller Teilnehmer werden.

So hatte ich den Ablauf von meinen Verbündeten bekommen. Vor der Schwitzhütte war mir völlig unklar, was das sollte. Ich zweifelte und überlegte mir, die Hütte einfach mit einem anderen Ablauf durchzuführen. Der Nachmittag mit den Vorbereitungen für die Schwitzhütte verlief außerdem ziemlich kurios. Zwei Frauen sagten ab, weil sie ihre Mondzeit bekommen hatten. Meine Freundin, die bei den Vorbereitungen dabei war, hatte mir zuvor schon gesagt, dass es sein könnte, dass sie im Lauf des Tages noch zu bluten beginnen würde.

Die beiden anderen Frauen, die am Platz waren, gingen irgendwann zur Toilette. Als sie zurückkamen, berichteten sie, dass sie ihre Blutungen hatten. Der einzige teilnehmende Mann war ein lieber alter Freund und mein Feuerhüter. Wir sprachen uns kurz ab, und dann rief ich die beiden Frauen an, die wegen ihrer Mondzeit abgesagt hatten. Nun waren wir also sechs Frauen, fünf davon in ihrer Mondzeit, und ein Mann. Ich vertraute an diesem Tag meinen Verbündeten und führte die Schwitzhütte nach ihren Anweisungen durch. Später erfuhr ich, dass sich die vier Frauen, die außer meiner Freundin und mir an diesem Tag zusammenkamen, kannten. Die Zusammenhänge waren für diese Frauen ziemlich schmerzhaft gewesen. Als ich dies erfuhr, verstand ich, warum meine Verbündeten mir diese Vorgaben für das Schwitzhüttenritual gegeben hatten.

Seit ich selbst Schwitzhütten aufgieße und mich auf die gezeigte Art und Weise vorbereite, erhalte ich von den Teilnehmern beinahe immer die Rückmeldung, ihr aktuelles Thema genau getroffen zu haben. Das zeigt mir, dass ich auf meine Führung vertrauen kann. Dafür bin ich von Herzen dankbar.

Vorbereitung der Teilnehmer

Wenn ein Mensch das erste Mal in eine Schwitzhütte gehen möchte, hat er meist einige Fragen dazu. Als Leiter ist es meine Aufgabe, die Menschen auf die Zeremonie vorzubereiten. Das beginnt schon, wenn sie sich anmelden: Wann sollen sie auf dem Platz sein, damit noch genügend Zeit ist, um sich in Ruhe vorzubereiten? Empfehle ich den Teilnehmern, an diesem Tag zu fasten? Welche Kleiderordnung gibt es auf dem Platz und in der Hütte? Wenn das Feuer brennt und die Hütte gemeinsam eingedeckt wurde, nehme ich mir stets Zeit, mit den Menschen über noch offene Punkte zu reden.

Es tauchen dann z. B. Fragen auf nach meiner Erfahrung oder auch welchen »Stil« ich praktiziere oder welcher Tradition ich folge. Darauf antworte ich immer: »Ich mache Sabrina-Style und folge der Tradition, die mein Herz mir sagt.« Andere Fragen betreffen meistens den Ablauf und das Verhalten in der Schwitzhütte.

Je genauer ich in den »technischen« Details bin, umso einfacher ist es für die Menschen, sich »richtig« zu verhalten. Dazu gehören Informationen wie:

- Ab wann sollte der Weg zwischen Feuer und Tür, also der »Weg der Steine«, nicht mehr überschritten werden?
- Was kann ich in der Schwitzhütte tun, wenn es mir zu heiß wird?
- Kann ich hinausgehen?

- Wie bewege ich mich in der Hütte?
- Erhalten die Teilnehmer Wasser?
- Ist schon einmal jemand in der Schwitzhütte umgekippt?
- Was passiert, wenn ich mich übergeben muss?
- Ich habe einen Hautausschlag, darf ich dennoch in die Hütte hinein? usw.

Hier zeigt sich wieder, wie wichtig die Erfahrung für den Schwitzhüttenleiter ist. Je mehr Erfahrung ich habe, umso besser kann ich solche und ähnliche Fragen beantworten. Vor allem sollte ich mir vorab auch Gedanken zu den Verhaltensregeln während meiner Zeremonie machen. Diese sollte ich allen Teilnehmern vorher klar mitteilen. Hinweise dazu findest du auch am Anfang dieses Buchs im Kapitel über Gefahren und Vorsichtsmaßnahmen.

Das Ritual

Irgendwann vor jeder Schwitzhütte kommt von unserem Lakota-Freund der Satz:
»Heute ist ein guter Tag zu sterben, die Steine sind heiß!«

Das Schwitzhüttenritual dient wie alle Bade- und Schwitzzeremonien der ganzheitlichen Reinigung. Durch den Gebrauch der Symbolik, in der Gebärmutterhöhle von Mutter Erde zu sitzen, hat dieses Ritual auch die Bedeutung von Sterben und Neugeburt. Bei vielen, vor allem bei indianisch geleiteten, Schwitzhütten werden von den Teilnehmern *Tabako Ties* gemacht. Das sind kleine, mit Tabak gefüllte Stoffbeutelchen. Jeder Teilnehmer zieht sich in eine ruhige Ecke zurück und »betet« seine Gedanken in sein Tabakbeutelchen hinein. Die Tabakbeutel werden dann mit in die Hütte genommen und danach im Feuer verbrannt. Mein Lakota-Freund sagte dazu immer: »Die *Spirits* lesen unsere Gebete aus dem Tabak, und der Tabak ist ebenso unser Geschenk an die Geister.«

Der geschützte Rahmen einer Schwitzhütte, die Dunkelheit und die Hitze bieten einen geeigneten Rahmen für eine »Häutung«. Alles, was ich bisher in meinem Leben erfahren habe, kann ich in diesem Ritual reflektieren und, wenn ich möchte, auch an die Geistigen Welten abgeben. Ich kann mich in der Hitze befreien, ich kann weinen, beten, manchmal auch schreien. Ich kann mich der Geborgenheit und der Wärme hingeben, mich »mit dem Wasser fließen lassen«, Widerstände brechen und Ängste überwinden. Wenn all das geschehen ist, gehe ich hinaus in ein »neues Leben«.

Ein guter Feuerhüter hat für genau diesen Moment während der letzten Runde den Platz und den Weg vor der Hütte gereinigt, sodass die Menschen, wenn sie aus der Hütte kommen, in eine saubere und aufgeräumte Situation treten. Eine Schwitzhütte dauert, wenn meine Verbündeten mir keine anderen Anweisungen gegeben haben, vier Runden. Insgesamt verbringen wir meist zwischen eineinhalb und zwei Stunden in der Hütte.

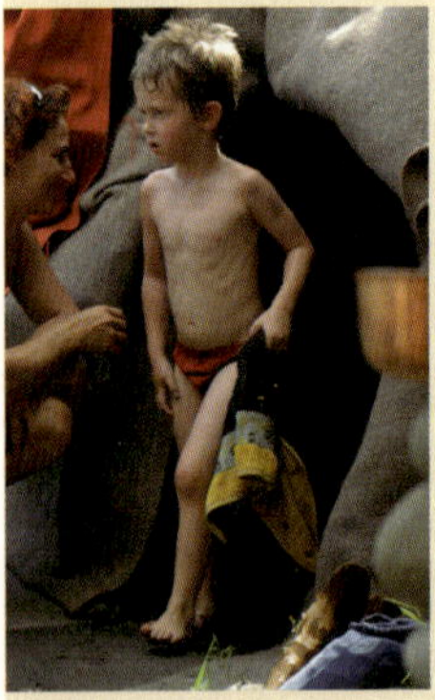

In diesem Kapitel werde ich nun verschiedene Möglichkeiten und Themen für Schwitzhütten näher erläutern. Im ersten Abschnitt beschreibe ich das Ritual der Neugeburt etwas detaillierter. Bei den weiteren Beschreibungen beschränke ich mich auf den Ablauf der Zeremonie. Die beschriebenen Rituale sollen Beispiele aufzeigen, wie die Thematik und der dazu passende Ablauf einer Schwitzhütte aussehen können. Es gibt aber unzählige Möglichkeiten, ein solches Ritual zu gestalten. Frage bei deinen Verbündeten nach einer Anleitung für die Zeremonie, so wie auch ich vor jeder Hütte um eine Anleitung aus der Geistigen Welt bitte.

Das Ritual der Neugeburt

Jeder Teilnehmer hat die Gelegenheit, in den einzelnen Runden leise für sich oder laut hörbar für alle, seine Gebete an die Schöpfung zu sprechen. Je nach der Teilnehmerzahl beten die Menschen einzeln nacheinander oder gleichzeitig. Trommelrhythmen und Gesang begleiten diese Gebete. Am Ende eines Gebets folgt ein lautes »Aho« oder »Hoi« damit der Schwitzhüttenleiter bzw. der nächste in der Runde fortfahren kann.

Hier beschreibe ich so etwas wie die Grundstruktur einer Schwitzhütte. Diesen Ablauf kann ich immer auch ohne spezielles Thema anwenden.

In der ersten Runde meiner »Neugeburtshütte« begleiten uns sieben Steine, einer für jede Richtung:

- vor uns (Osten),
- rechts von uns (Süden),
- hinter uns (Westen),
- links von uns (Norden),
- unter uns (Mutter Erde)
- über uns (Vater Himmel)
- und mitten in uns (das Zentrum/Seele/Äther).

Übergeordnet steht diese Runde für den Mutteraspekt (Mutter Erde, deine Mutter, alle Mütter des Universums). Ich gieße in der ersten Runde viermal auf, zu Ehren der vier Elemente, die uns begleiten:

- Erde, in deren Bauch wir nun sitzen, um neugeboren zu werden,
- Wasser, mit dem wir aufgießen; es reinigt und heilt,
- Feuer, das die Großmutter/väter-Steine erhitzt und uns Visionen bringt,

- Luft, die mit ihrer Kraft das verdampfte Wasser aus dem Feuer aufnimmt, durch die Hütte trägt und uns berührt.

Dies ist die Runde, in der wir Mutter Erde danken können. Danken ist eine Form des Loslassens und gleichzeitig eine Möglichkeit der Anerkennung für uns selbst. Wir selbst sind auch Mutter Erde, weil wir auf und durch Mutter Erde leben. Unser Körper, der uns durch das Leben hindurch dient, ist genauso einen Dank wert wie *Gaia* die Urmutter, die große Ernährerin. Wenn wir Kinder der Erde selbst wieder heil werden, so wird es auch Mutter Erde – wie innen so außen.

Am Ende der ersten Runde rufen wir alle gemeinsam: »Aho, öffne die Tür!« Auf diesen Ruf hin öffnet der Feuerhüter die Tür, und frische Luft strömt in die Hütte. Während die Tür geöffnet ist, bringt der Feuerhüter weitere Steine in die Hütte. Die Anzahl der Steine für diese und die weiteren drei Runden ist variabel. Der Schwitzhüttenleiter spricht sich mit dem Feuerhüter ab.

In der zweiten Runde mache ich acht Aufgüsse. Einen für jeden Kontinent auf dieser Erde, das sind fünf, und je einen für die untere Welt, für die mittlere Welt und für die obere Welt. Übergeordnet steht diese zweite Runde für den Vateraspekt (Vater Sonne, dein Vater, alle Väter des Universums). In dieser Runde haben »Bittgebete« ihren Platz. Ich kann erbitten, was immer ich möchte, z. B. Kraft, Frieden, Gesundheit, das Loswerden meiner Süchte oder meiner Ängste. Nach dem Ruf »Aho, öffne die Tür!« wird die Tür zum zweiten Mal geöffnet, und wir begrüßen erneut das Licht. Während wir nun die Luft und das Licht genießen, bringt uns der Feuerhüter Trinkwasser. Der erste Schluck gehört Mutter Erde, der Rest ist für uns. Jeder Teilnehmer bekommt eine ganze Tasse, der Schwitzhüttenleiter entscheidet, ob die Teilnehmer mehr Wasser bekommen. Es kann auch Wasser gereicht werden, um den Kopf und den Körper zu kühlen. Wenn alle Teilnehmer bereit sind, bringt der Feuerhüter weitere Steine, schließt die Tür, und die dritte Runde beginnt.

In der dritten Runde gieße ich 13-mal auf. Stellvertretend für die 13 Mondmonate eines Jahres, sowie für meine Lehrer und die Helfer aus allen Welten, die mich auf meinem Weg unterstützen. Übergeordnet steht diese Runde für die Kinder der Schöpfung, geboren aus der Verbindung von Mutter und Vater (deine Kinder, das Kind, das du bist, alle »Früchte«, Kinder dieses Universums).

Dies ist die Runde, um sich daran zu erinnern, wie es ist, ein Kind dieser Schöpfung zu sein und um wieder so zu werden wie die Kinder: genussvoll, lebendig, neugierig, erwartungsfrei und bedingungslos im und mit dem Leben. Für diese Runde hat der Feuerhüter in meinem Auftrag Apfelschnitze vorbereitet. In der dunklen, warmen Hütte bekommt nun jeder Teilnehmer ein Stück. Bisher bezeichnete noch jeder, der ein solches Apfelstück in der Hitze der Schwitzhütte gegessen hatte, dieses als einen der größten Genüsse in seinem Leben.

Ich gestalte diese Runde sehr gefühlsbetont und fordere z. B. die Menschen auf, den Genuss des Apfels laut kundzutun, sich wie Kinder zu benehmen und ihre eigene Fröhlichkeit zu entdecken. Nach einem gemeinsamen Abschlusslied wird die Tür geöffnet.

Wenn wiederum alle Teilnehmer bereit sind, bringt der Feuerhüter die restlichen Steine, schließt die Tür, die vierte und letzte Runde beginnt. In dieser Runde mache ich im übertragenen Sinne »Millionen« Aufgüsse. Diese stehen für die Millionen von Wesen vor unserer Zeit, für die Millionen von Wesen unserer jetzigen Zeit und für die Millionen von Wesen, die uns noch folgen werden.

Ein letzter Rest Wasser verbleibt für die nächste Schwitzhütte im Kübel, damit dieses Ritual des Bittens und Dankens und der bewussten Reinigung von Körper, Geist und Seele nie ein Ende nehmen wird. Mit Liedern und Trommeln verabschieden wir uns von den Elementen, den Himmelsrichtungen, den Ahnen, den *Spirits* und danken all jenen, die in Gedanken bei uns waren.

Nach dieser Runde wird die Tür erneut geöffnet und die Teilnehmer verlassen in der Richtung des Sonnenlaufs die Hütte, der Leiter zuletzt. Beim Hinaustreten in das Licht begrüßt jeder sein neues Leben auf seine eigene Art.

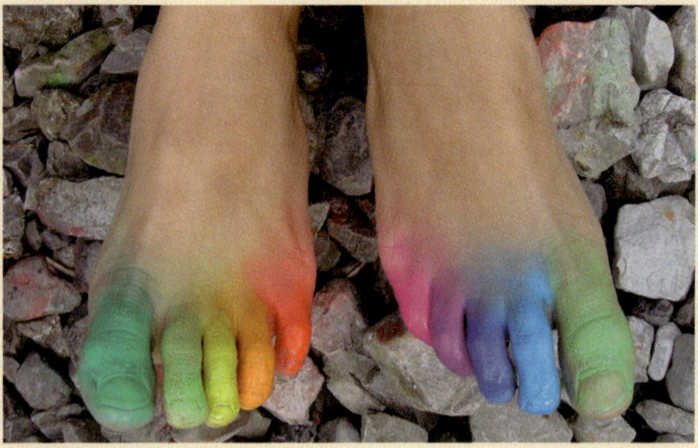

Die Reinigungshütte

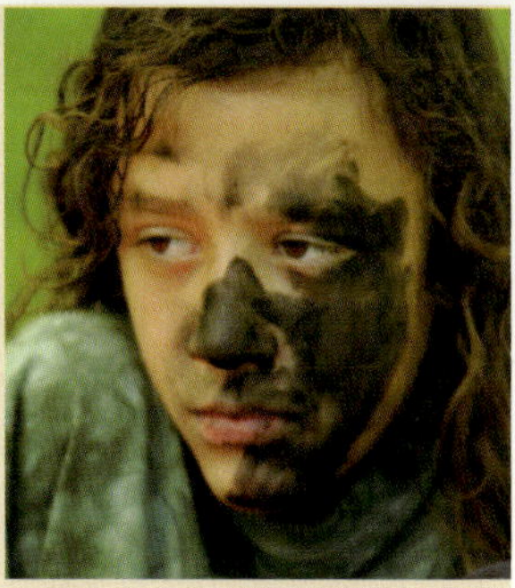

Jede Schwitzhütte ist eine Reinigung, ich kann aber dieses Thema auch bewusst wählen und die Hütte dementsprechend anleiten. Für die Reinigungshütte verwende ich gern Salz, Honig und Öl.

In der ersten Runde bitten wir Mutter Erde, uns an die Zeiten zu erinnern, in denen wir noch im Mutterleib geborgen waren. Wir bitten sie, uns sanft und warm zu hüten. Ich gebe in dieser Runde eine Schale mit Salz im Kreis herum. Salz ist ein wichtiger Bestandteil unseres Lebens, die kleinen Kristalle sind unendlich heilsam und nahrhaft. Sie reinigen uns auf vielen Ebenen und verbinden uns mit Mutter Erde. Wir sprechen aus, wovon wir uns reinigen möchten: vom Schmerz, von der Angst, von den Rückenschmerzen, von der Eifersucht und allem anderen, was wir ablegen möchten. Dabei reiben wir unseren Körper gut mit Salz ab.

In der zweiten Runde bitten wir Vater Himmel, uns daran zu erinnern, wer wir sind. Ich reiche Honig in die Runde. Dieses flüssige Gold hat uns vieles zu sagen. Honig ist auf so vielen Ebenen ein Heilmittel. Dieses flüssige Gold wird von vielen Tausend Individuen gesammelt, und es braucht alle dazu, um aus dem Nektar der Blüten Honig zu machen. Obwohl viele Menschen heutzutage allein sind, ist es wichtig, eine Gemeinschaft zu haben, damit Heilung geschehen kann. Wir massieren unsere zuvor mit Salz gereinigten Körper nun mit dem Honig. Wir bitten Vater Himmel darum, uns die Schönheit, die Kraft, die Einzigartigkeit und die Liebenswürdigkeit unseres ur-eigenen Wesens wieder in Erinnerung zu bringen.

In der dritten Runde gebe ich ein gutes Körperöl wie Jojoba-, Kokos- oder Olivenöl in den Kreis. Das Öl hat eine besondere Wirkung. Ich verstehe das Eincremen mit dem Öl als eine Segnung und auch eine Versiegelung. Wir haben uns gereinigt, und unsere Kraft wurde neu aufgeladen. In dieser Runde bitten wir die Schöpferkräfte um Segen für unser neues Leben, aber wir versiegeln unser neues Körpergefühl auch für eine gewisse Zeit.

In der vierten Runde verabschieden wir uns von den Schöpferkräften und den Verbündeten, und wir danken für die Erfahrung dieser Zeremonie. Es ist besonders schön, wenn in dieser letzten Runde jeder Mensch als Dank eine Melodie oder die Strophe eines Liedes singt.

Die Frauenschwitzhütte

Das heutige Bild der Frau ist sehr stark von den Medien, der Mode und der Emanzipation geprägt. Schön, jung und möglichst erfolgreich im Berufsleben, so glauben wir, ist die »ideale Frau«. Ob Alleinerziehende oder Familienmanagerin, die Anforderungen an eine Frau in der heutigen Zeit sind vielfältig und kosten sehr viel Kraft. Dabei entfernen sich viele, vor allem junge Frauen, immer weiter von ihrer natürlichen, weiblichen Lebensweise. Frauen sind durch ihren Monatszyklus auf ganz besondere Art und Weise mit der Kraft der Erde und der *Mondin* verbunden.

In der Gebärmutter liegt ein unglaubliches Wissen, sozusagen ein »zweites Hirn«. Wir Frauen haben einen wunderschönen Rhythmus in uns, der sich im Kleinen wie auch im Großen zeigt:

- ***Frühling:*** die Kindheit, die weiße Jungfrau, die Zeit, in der das Ei heranreift,
- ***Sommer:*** das Mädchen/die Frau, die rote Frau, die Zeit des Eisprungs,
- ***Herbst:*** die Frau während ihrer Wechseljahre, die Schnitterin, die Zeit nach dem Eisprung,
- ***Winter:*** die alte weise Frau, die Zeit nach den Wechseljahren, die *Schwarzmondfrau*.

Da viele Frauen wegen Hormonstäbchen, Pille, Spirale und anderem oft vergessen, ihrem natürlichen Zyklus zu vertrauen und nach diesem zu leben, verlieren sie oft das Gefühl für sich selbst und für ihre Bedürfnisse. Viele Frauen nehmen sich kaum noch Zeit, um sich selbst etwas Gutes zu tun. Wenn endlich alle »Bedürfnisse« um sie herum erfüllt sind, fordert der Körper seinen Tribut und die Frau geht schlafen oder vor den Fernseher. Vielleicht nimmt sie noch ein feines Duftbad bei Kerzenlicht und träumt davon, wie schön doch ein Urlaub wäre.

Der Tag einer Frauenschwitzhütte beginnt um 10.00 Uhr morgens. Oft übernachten die teilnehmenden Frauen in der Nähe und nehmen sich so eine Auszeit. Den Tag über betrachten wir unsere Weiblichkeit aus verschiedenen Perspektiven. Wir arbeiten mit unserer Gebärmutter, singen und trommeln gemeinsam, unternehmen schamanische Reisen und meditieren und machen alles, was gemeinsam Spaß macht und uns gefällt.

Meine Vorbereitung ist dieselbe wie sonst auch. Ich bitte meine Verbündeten, mich zu leiten und mir die Themen für die Frauengruppe, die sich zusammenfindet, zu zuflüstern. Eine Frauenschwitzhütte ist immer auch ein Tag, an dem wir unser Frausein genießen. Für die Schwitzhütte verwende ich gern Salz, Honig und Öl. Die Gestaltung des Ablaufs kann an die beschriebenen vier Zyklen der Frau angelehnt werden.

Die erste Runde widmen wir dem kleinen Mädchen in uns, der Jungfrau, der unbeschwerten Prinzessin. Die zweite Runde gehört der sinnlichen roten Frau auf dem Höhepunkt ihrer Fruchtbarkeit. Die dritte Runde steht unter dem Segen der Schnitterin, die erntet und durchtrennt, was vergangen ist. Die vierte Runde wird der *Schwarzmondfrau* gewidmet, der alten weisen Frau in uns.

Natürlich gibt es noch viele weitere Möglichkeiten, die Weiblichkeit zu feiern, zu entdecken und zu heilen. Wie alle anderen Beschreibungen auch, soll diese hier lediglich eine Anregung sein.

Die Männerschwitzhütte (von Marcel Dengel)

Wir Männer haben es oft nicht leicht, unseren Gefühlen freien Lauf zu lassen. Uns wird meist von Kindheit an beigebracht, stark sein zu müssen. Ich kann mich noch gut daran erinnern, dass ich als kleiner Junge einmal in der Öffentlichkeit weinte. Ich wurde verspottet, ausgelacht und als »Memme« und »Muttersöhnchen« bezeichnet. Kurze Zeit später beobachtete ich ein etwa gleichaltriges Mädchen, das wie ich öffentlich weinte. Es wurde nicht verspottet, ganz im Gegenteil, es wurde getröstet und von seinen Freundinnen umarmt und durfte einfach traurig sein.

Manchmal kann es ziemlich anstrengend sein, immer stark zu sein und die eigenen Gefühle immerzu im (Würge-)Griff zu haben. Als ich vor Kurzem einen Männertag leiten durfte – obwohl ich das eigentlich nicht wollte, denn wer will denn schon einen ganzen Tag nur mit Männern zusammen sein – kam unerwartet ein unangemeldeter, sehr skeptisch blickender Mann vorbei. Ich lud ihn ein, sich uns anzuschließen und am Redekreis teilzunehmen. Aufmerksam hörte der junge Mann zu, was wir so besprachen. Als er an die Reihe kam, über das schon Erzählte und sein persönliches Mannsein zu sprechen, meinte er, dass er bisher nur mit Frauen solch offene und ehrliche Gespräche habe führen können. Er konnte kaum glauben, dass es solche Unterhaltungen auch unter Männern gab. Natürlich können wir Männer die, nur ist es in unserer heutigen Gesellschaft unüblich, dass ein Mann Gefühle zum Ausdruck bringt. Man(n) muss stark sein. Denn wer möchte schon verspottet werden? Es ist doch immer noch am einfachsten, so zu tun wie alle anderen auch – oder vielleicht doch nicht? Noch einfacher ist es, so denke ich zumindest, so zu sein, wie man(n) wirklich ist. So zu werden, bedarf allerdings einer Umstellungsphase.

Umstellung und Neuorientierung bedeuten Arbeit, Arbeit an sich selbst. Alte Muster zu ändern, ist leichter gesagt als getan. Dies beginnt ja schon beim Denken. Eine neue Art und Weise zu denken und das Gedachte dann auch auszusprechen, ist auf jeden Fall ein guter Anfang. Mit einem solchen Vorsatz, einem Samen für ein neues Bewusstsein, in eine Schwitzhütte zu gehen, ergibt Sinn. Die Schwitzhütte kann wie Dünger wirken, der den Samen zum Keimen bringt. Erde, Wasser, Feuer und Luft, all das, was wir für ein gesundes Wachstum brauchen, erhalten wir in der Schwitzhütte. Getragen von den vier Himmelsrichtungen mit ihrer Medizin, ist es in der dunklen Geborgenheit der Hütte einfach, den eigenen Gefühlen freien Lauf zu lassen. Hier sieht niemand das Weinen, und niemand sieht den Schmerz, wenn man alte Erinnerungen loslässt. Wenn man sich öffnet, lacht einen niemand aus.

Aus meiner Sicht wird es noch viel einfacher, wenn sich die Männer erst auf das Wesentliche reduzieren, nämlich auf sich selbst als Mensch. Darum mache ich meine Schwitzhütten gern sehr heiß. In der Hitze beginnen die Männer von selbst zu jammern, sie öffnen sich, gestehen sich ihre Schwächen ein und lassen Altes los. Am Ende sind sie einfach »nur« noch sie selbst, vielleicht sogar das erste Mal seit vielen Jahren. Das klingt vielleicht hart, es muss aber auch nicht immer so sein. Doch auf diese Weise geht es bei Männern nach meiner Erfahrung am schnellsten. Wie bei einem Dampfkochtopf – richtig heiß und unter Druck gesetzt, werden wir am schnellsten »gar« für unseren weiteren neuen Weg.

Die Kinderschwitzhütte

Eine Kinderschwitzhütte hat bei mir meistens vier Runden mit den Aspekten Mutter, Vater, Kind und Freunde. Ich verwende 16 mittelgroße Steine, für jede Runde vier. Je nach Alter der Kinder können es auch 20 sein. Dann kommen in jeder Runde fünf Steine in die Hütte. Gern biete ich bei der Kinderschwitzhütte für die dritte Runde auch Äpfel oder anderes Obst an. Finden mehrere Schwitzhüttenrituale hintereinander statt, dann sollte die Kinderschwitzhütte immer als Erstes gemacht werden.

Für die Erwachsenen ist es leichter, in der Energie der Kinder zu sitzen, als für die Kinder in den zurückgelassenen Anteilen der Erwachsenen. Altersgemäß rede ich mit den Kindern über Mutter Erde, Vater Himmel, den lieben Gott, die Engel, Tierfreunde und vieles mehr. Es wird sanft aufgegossen, und wir singen viele Lieder. Die Runden selbst sind kürzer als bei den Erwachsenen, die Pausen länger. Manche Kinder möchten lieber mit einem Elternteil in die Hütte kommen.

Generell kann jeder Erwachsene auch an einer Kinderhütte teilnehmen. Das bietet sich auch an, wenn jemand bezüglich der Hitze in einer Erwachsenenhütte skeptisch ist. Ebenso können aber auch größere Kinder an einer Erwachsenenhütte teilnehmen.

Unser Jüngster krabbelte mit 18 Monaten zum ersten Mal in eine Schwitzhütte hinein, er saß auf meinen Schoß und blieb die ganze erste Runde bei mir. Danach wollte er hinaus und war den Abend über restlos zufrieden. Unser Ältester war mit sieben Jahren in seiner ersten Schwitzhütte, es war eine Lakota-Hütte. Sie war sehr heiß, aber er blieb alle vier Runden bei uns Erwachsenen. Seine Tabakbeutelchen trug er noch eine ganze Woche lang um den Hals. Heute ist er 16 Jahre alt und geht immer noch gern in Schwitzhütten, allerdings nur, wenn noch mehr Gleichaltrige dabei sind. Das ist normal in diesem Alter. Unser mittlerer Sohn zeichnet sich als hervorragender Feuerhüter aus und denkt daran, bald selbst eine Kinderschwitzhütte zu leiten.

Ein Kind sollte nie überredet werden, in eine Schwitzhütte zu gehen. Kinder wissen selbst am besten, was ihnen guttut.

Die Elementeschwitzhütte

Die Elementeschwitzhütte ist eine Zeremonie, die uns sehr intensiv mit den Kräften der Natur verbinden kann. Gern beginne ich hier mit dem Element Luft: Luft schenkt uns den Atem des Lebens. Mit dem ersten

eigenen Einatmen kommen wir in dieses Leben, und mit unserem letzten Ausatmen gehen wir wieder von dieser schönen Welt. In der Zeit dazwischen begleitet uns die Luft in unserem Atem. Wir erfahren in dieser ersten Runde das Element Luft mit seiner klärenden, hellen Lichtkraft, die dem Osten zugeordnet wird.

In der zweiten Runde tanzen wir mit dem Feuer der Transformation und der Vision: Feuer brennt in uns, es ist der Lebensfunke, unser göttliches Licht. Das Feuer steht in der Zeremonie für den männlichen Part, die glühenden Steine für die Samen, die uns befruchten. In dieser Runde lassen wir uns vom Feuer entfachen, unseren Lebensfunken neu entzünden.

Die dritte Runde bringt uns das Wasser: Es ist die Medizin der Emotionen, der Blutsahnen, die Kraft der Abenddämmerung und des Zwielichts. Wasser ist die erste Medizin, die uns die Schöpferkräfte geschenkt haben. Wir selbst bestehen zu 70 % aus Wasser, die Erde ist zu 70 % mit Wasser bedeckt. Wenn wir Menschen genug Wasser trinken, so versorgen wir uns mit dem wichtigsten Medikament überhaupt. Damit meine ich ganz normales stilles Wasser, am besten direkt aus einer Quelle. In dieser Runde tut es gut, wenn die Teilnehmer etwas Wasser bekommen, um ihren Körper zu kühlen.

Für die vierte Runde rufen wir die Kraft der Erde, die uns geboren hat und uns auch wieder aufnehmen wird, wenn wir unser Leben beenden. Sie ernährt uns, sie trägt uns, sie hütet uns. Aus dieser letzten Runde treten wir als neue Kinder dieser Erde hervor. Wir danken der Mutter Erde für ihre Liebe und die Geborgenheit, die sie uns schenkt. Wir bitten sie, uns weiterhin zu tragen und zu nähren. Wir danken unserem Körper, der wie die Erde ist, für seine Zuverlässigkeit.

Gereinigt durch die Klarheit der Luft, durch die Transformation des Feuers, die Kühle des Wassers und angekommen im Schoß von Mutter Erde verabschieden wir uns von den Elementen und unseren Verbündeten. Als neue Menschenkinder, verbunden mit der Kraft der Elemente, gehen wir in unser neues Leben.

Die Medizinhütte

Medizinhütten sind speziell durchgeführte Reinigungen. Im Sommer 2009 bekam ich von meinen Verbündeten den Auftrag, diese Form der Schwitzhütte ab sofort durchzuführen. Diese Medizinhütte wird mit maximal elf Teilnehmern durchgeführt. Seitdem ich den Auftrag erhielt, leitete ich 13 Medizinhütten bis zum heutigen Tag an. Ich werde den Auftrag weiter befolgen und jedes Jahr offene Medizinhütten durchführen. Ein Teil des Ausgleiches für die Medizinhütten wird jeweils an ein soziales Projekt gespendet. Bei der Medizinhütte werde ich von meinem Mann Marcel und einem guten Feuerhüter unterstützt.

Für die Medizinhütte bereite ich mich speziell vor. Meine Verbündeten übernehmen nach und nach vollständig die Führung. Dabei zieht sich mein »alltägliches Wesen« mehr und mehr zurück. Es ist die Kraft der *Nina Runa*, die dann durch mich wirkt. Die *Nina Runa* sind Feuerwesen, die seit Anbeginn der Zeit existieren und dem Leben dienen. Es gibt im Internet oder in der Literatur keinerlei Informationen zu diesen Wesen, doch ich habe vor über 15 Jahren von ihnen einen Namen bekommen und werde seither von ihnen geführt und ausgebildet. Die *Nina Runa* hüten Leben, das ausgestorben ist. Wenn die Zeit gekommen ist, bringen sie dieses Leben wieder zurück. Daher kommt es immer wieder vor, dass Tiere oder Pflanzen, die als ausgestorben galten, plötzlich irgendwo auf der Welt wieder auftauchen. Wer die *Nina Runa* finden soll, den rufen sie. Es sind wunderbare, kraftvolle, mitfühlende Wesen, die eine sehr starke und liebevolle Medizin in sich tragen.

Die Menschen, die meine Medizinhütte besuchen, machen an diesem Tag Tabakbeutelchen mit ihren eigenen Gebeten und Wünschen darin. Sie haben den Tag über immer wieder Raum und Zeit, um diese Arbeit in Ruhe machen zu können. In der ersten Runde laden Marcel und ich gemeinsam die Elemente, die Schöpferkräfte und unsere Verbündeten ein, bei uns zu sein. In dieser »Eröffnungsrunde« sind Marcel und ich allein in der Hütte. In der zweiten Runde kommen alle Teilnehmer in die Hütte. Es ist nun Zeit für persönliche Gebete jedes Einzelnen.

Die dritte Runde ist die Medizinrunde. Nun darf ich

mithilfe meiner Verbündeten jedem Einzelnen Zeit und Aufmerksamkeit schenken. Ich bewege mich in der Hütte im Sonnenlauf und arbeite mit jedem einzelnen Menschen. Was dabei passiert, ist sehr unterschiedlich. Während ich mit einem Menschen arbeite, gießt Marcel auf und räuchert. Er trommelt und leitet die übrigen Teilnehmer im Kreis an zu singen. Solange ich arbeite, wird in der Runde dasselbe Lied gesungen. Die Menschen in der Hütte halten mit ihrem Gesang gemeinsam die Energie der Zeremonie.

Wenn ich in der Hütte mit allen Teilnehmern gearbeitet habe, wird die Tür geöffnet, und alle Teilnehmer gehen mit Marcel hinaus. Es wird nun eine längere Pause gemacht. Alle bekommen so viel Wasser, wie sie möchten, auch dabei geht, wie immer, der erste Schluck an Mutter Erde.

Ich selbst bleibe in der Schwitzhütte und komme mehr und mehr zurück in meine alltägliche Wahrnehmung. Wenn alle Teilnehmer bereit sind, kommen wieder alle in die Schwitzhütte, und die vierte Runde beginnt. Wir setzen uns alle wieder an denselben Platz wie zuvor. Gemeinsam danken wir nun für das, was wir erleben durften. Wir verabschieden unsere Helfer und Verbündeten mit einem persönlichen Gebet oder Lied.

Eine Medizinhütte, wie ich sie hier beschreibe, ist keinesfalls einfach durchzuführen. Für die intensive Arbeit sollte eine mehrjährige schamanische Basis vorhanden sein, die allen Beteiligten Sicherheit bietet. Ebenso sollten bereits umfangreiche und fundierte Schwitzhüttenerfahrungen gemacht worden sein.

Eine Medizinhütte ersetzt keine Therapie oder medizinische Behandlung. Befindet sich jemand in psychotherapeutischer oder ärztlicher Begleitung oder nimmt Medikamente, so ist ein klärendes Gespräch vor der Medizinhütte zwingend nötig. Ich empfehle auch, mit dem begleitenden Arzt oder Therapeuten eine Teilnahme an einer Schwitzhütte zu besprechen.

Spezielle Schwitzhütten

Für dieses Kapitel habe ich starke liebevolle Frauen gebeten, ihre Art der Schwitzhütte zu beschreiben. An dieser Stelle möchte ich mich ganz herzlich bei Esther, Antara und Jeanne für ihre Berichte und das Bereitstellen ihrer Erfahrungen bedanken.

So individuell, wie diese drei Frauen sind, so unterschiedlich sind auch ihre Schwitzhütten. Ich freue mich sehr, in diesem Teil des Buchs durch die Offenheit dieser drei Frauen weitere außergewöhnliche Möglichkeiten zur Durchführung einer Schwitzhütte weitergeben zu können.

Die Runenhütte von Esther Kaufitsch

Die Runen kamen zu, mir als ich 21 Jahre alt war. Ich fuhr damals nach St. Gallen, um Kleidung für meinen Sohn einzukaufen. Ich fand mich im Esoterik-Shop »Opal« wieder und wusste eigentlich nicht genau, was ich dort sollte. Also schlenderte ich zwischen Räucherstäbchen und Klangschalen hin und her. Weil ich schon immer gern gelesen hatte, führte mich mein

Weg ziemlich schnell zu den Bücherregalen, in denen jede Menge Literatur über Engel, Inkarnation und Tod zu finden war. Viele Bücher – zu viele für mich!

Gelangweilt wollte ich den Laden schon wieder verlassen, als mich vom unteren Regal ein rotes Säckchen anblitzte. Ich nahm es und öffnete es. Darin lagen viele Tonscheiben, auf denen seltsame Zeichen eingebrannt waren. Ich weiß noch, dass das Erste, was ich sah, aussah wie zwei übereinander stehende »X«. Ein Buch in derselben Farbe wie das Säckchen lag gleich daneben. Mein Interesse war geweckt. Ich ging zur Kasse, um zu bezahlen, und war mir sicher, einen Schatz erworben zu haben.

So kamen die Runen in mein Leben. 26 Jahre sind seit diesem Kauf vergangen. Wer jetzt denkt, ich hätte mein Leben den Runen gewidmet, mich in Wälder zurückgezogen und Runenrituale abgehalten oder mich in den Mysterien der Götterwelten verloren, liegt völlig falsch. Ich lebte mein Leben, so wie viele andere Menschen auch. Ich bekam Kinder, heiratete, ließ mich wieder scheiden, arbeitete und lebte.

Doch immer waren die Runen meine Begleiter. Sie gaben mir Antworten auf meine Fragen oder zeigten mir meine Unzulänglichkeiten auf. Das war nicht immer angenehm. Allerdings brachte mich ihr Rat immer weiter und mich mir selbst ein Stückchen näher. Mir ist klar, dass hinter den Runen Götter stehen, die einen streng, andere liebevoll und sanft, doch alle sehr kraftvoll in ihrem Wesen. Zu diesem Thema gibt es jede Menge Literatur, die ich im Lauf der Jahre gelesen habe. Doch ist es mir bis heute nicht gelungen, die Geheimnisse, die hinter den Runen stecken, zur Gänze zu lüften. Ich weiß um die Kraft, die aus den Runen kommt, und bin voller Respekt dafür. Um mich bei den Runen für die Liebe und Unterstützung, die ich aus ihrer Welt erhalte, zu bedanken, zelebriere ich Runenschwitzhütten.

Etwa zwei Stunden vor dem Entzünden des Feuers ziehe ich mich zurück, gehe in mich und stimme mich ein. Bei einer Morgenhütte stehe ich um 3.00 Uhr auf. Gegen 4.30 Uhr begebe ich mich auf den Schwitzhüttenplatz, oft wartet dort schon der Feuerhüter auf mich. Wir begrüßen die Stille der Nacht. Es wird wenig geredet, Kaffee wird aber immer getrunken. Gemeinsam bauen wir das Feuer auf. Als Erstes wird die Feuerstelle blitzsauber gemacht und mit drei vollen Händen Salbei vorbereitet. Zu diesem Zeitpunkt befinde ich mich im Dialog mit meinen spirituellen Helfern. Ich bitte sie um Unterstützung und danke für alles, was mir die Götter zuteil werden ließen.

Ich verwende bei meiner Schwitzhütte 28 Steine. Auf 24 Steine schreibe ich mit Kreide den *Futhark* (die Runenreihe). Vier Steine werden mit den Initialen von Menschen, die Heilung brauchen, aber nicht an der Schwitzhütte teilnehmen können, versehen. So sind auch diese Menschen in die Zeremonie integriert und erfahren Kraft und Liebe. Wenn wir die Steine auf das Holz legen, wird auf jeden eine Handvoll Salbei gelegt.

Das ist meine Ehrerbietung und mein Dank an die Steine, dafür, dass sie sich opfern und uns damit helfen, unsere Blockaden und Schmerzen zu lösen.

Die weiteren Aufgaben übernimmt der Feuerhüter. Er deckt die Steine mit Holz zu und holt das Wasser, das an der Feuerstelle erwärmt wird. Wir entzünden das Feuer gemeinsam. Der Feuerhüter kümmert sich ab diesem Zeitpunkt um das Feuer, aber er hat noch andere Aufgaben. Diese hat Sabrina weiter vorn schon beschrieben.

Der Platz um die Schwitzhütte wird von den Teilnehmern nur barfuß betreten, außer bei strömendem Regen und hohem Schnee. An dieser Stelle möchte ich erwähnen, dass ich persönlich Wert auf respektvolles Verhalten am Platz lege: kein lautes Gelächter oder Witze erzählen, keine Schuhe oder Sporttaschen direkt vor der Hütte. Denn dafür gibt es abseits der Hütte genügend Raum. Wir sollten immer daran denken, dass wir, wenn wir uns in eine Schwitzhütte begeben, einen Termin mit den Ahnen und den Göttern haben.

Ihnen sind Respekt und Ehrerbietung entgegenzubringen. Sie sind es, die Tag und Nacht an unserer Seite stehen und Gutes in unser Leben tragen, wenn wir dafür offen sind. Während der Feuerhüter seiner Arbeit nachgeht, widme ich mich dem Altar. Ich lege alle 24 Runen auf den Altar, Opfergaben wie Schnaps, frisches Obst und Blumen kommen dazu. Auch kleine handgeschnitzte Tiere finden auf dem Altar ihren Platz. Die Gegenstände variieren von Hütte zu Hütte, je nach Jahreszeit und Thema. Natürlich können die Teilnehmer auch Ketten, Ringe, Steine und andere persönliche Sachen auf den Altar legen.

Gegen 6.30 Uhr glühen die Steine im Feuer, die Teilnehmer kommen nach und nach auf den Platz, und wir decken gemeinsam die Hütte mit den Wolldecken ein. Nun werden die Himmelsrichtungen und die Götter, die in diesen Richtungen wohnen, begrüßt.

Mit meiner Trommel und den Kräutern begebe ich mich in die Hütte und lasse mir vier Steine bringen. Die Hütte wird vom Feuerhüter geschlossen, und ich begebe mich ins Gebet. Mit einem Lied und meiner Trommel eröffne ich die Hütte und lade die Himmelsrichtungen und die Götter, die mir heute zur Seite stehen sollen, ein. Ich bestreue die Steine mit ausgewählten Kräutern, begieße sie zum ersten Mal mit Wasser und danke ihnen. Während ich die Energie in der Hütte hebe, räuchert der Feuerhüter zur Reinigung mit einer von mir speziell zusammengestellten Räuchermischung an jedem einzelnen Menschen.

Dies ist eine sehr wichtige Vorarbeit, und ich bin immer froh und dankbar, wenn mein Feuerhüter diese Handlung mit Ernst und Eifer übernimmt. Wenn ich meine Gebete beendet habe und alle Teilnehmer abgeräuchert sind, öffnet der Feuerhüter die Tür, und die Menschen kommen nacheinander in den Bauch von Mutter Erde. Im Uhrzeigersinn nehmen sie ihre Plätze in der Hütte ein. Anschließend bringt der Feuerhüter drei Steine und schließt die Tür. Wir befinden uns in Allmutters Bauch in völliger Dunkelheit.

Nun begrüße ich die Runde ein weiteres Mal und bedanke mich für das Zusammenkommen. Anschließend erkläre ich, was in der jeweiligen Runde geschieht. Die erste Runde ist dem Allvater »Fehu« gewidmet. Zu Beginn der ersten Runde singen wir dreimal das Wort »Alu«. Dies ist wie ein Anklopfen an der Himmelstür: »Hallo, ich bin da, bitte lasst mich herein!« Danach singen wir neunmal »Fehu«. Nun ist der Raum für unsere Gebete an den Allvater geöffnet. Wir danken ihm für all das Gute und Fördernde, das er in unser Leben bringt. Auch unserem biologischen Vater danken wir für all das Gute, was er in unser Leben gebracht hat. Jeder Teilnehmer macht das mit seinen eigenen Worten, so wie es ihm gerade in den Sinn kommt.

Ich gieße auf, trommle und singe, bis alle Gebete gesprochen sind. Zum Abschluss der ersten Runde singen wir alle die erste Strophe eines Liedes, auf das ich noch eingehen werde. Gemeinsam rufen wir laut »Hoi!«, woraufhin der Feuerhüter die Tür öffnet. Damit ist die erste Runde beendet. Kühle Luft erfüllt die Hütte, draußen geht die Sonne auf und leuchtet mit ihren ersten Strahlen direkt in die Hütte hinein (falls die Tür nach Osten ausgerichtet und der Himmel wolkenlos ist). Dies ist immer ein sehr schöner und bewegender Moment.

Nach einigen Minuten der Abkühlung und Besinnung bringt uns der Feuerhüter sieben Steine und schließt die Tür. Der Feuerhüter nimmt während aller vier Runden seinen Platz direkt vor der Tür ein. Ich bin immer sehr dankbar, wenn mein Feuerhüter seine Aufgaben gewissenhaft erfüllt. Je ernsthafter er seine Handlungen ausführt, umso leichter kann ich als Leiterin in der Hütte arbeiten.

Die zweite Runde gilt der Allmutter. Wir singen alle gemeinsam neunmal »Uruz« (die Rune dieser Runde). Diesmal danken wir der Allmutter für alles Gute, was sie uns in unserem Leben geschenkt hat. Auch dieses Mal wird unserer biologischen Mutter gedacht, ihr gilt ebenso unser Dank. Jeder einzelne Teilnehmer kann nun wieder sein Gebet laut oder leise sprechen. Dieses wird mit einem lauten »Hoi!« beendet. Das »Hoi!« zeigt das Ende eines Gebets an, es ist aber auch das Zeichen für den Nächsten der Runde, mit seinem Gebet zu beginnen. Dieses »Hoi!« laut zu rufen, ist wichtig, denn durch das Trommeln und meinen Gesang könnte einiges untergehen, wenn beispielsweise jemand im Stillen betet. Wenn alle Gebete gesprochen sind, beenden wir die Runde mit der zweiten Strophe eines Liedes. Dann rufen wir gemeinsam »Hoi!«, und die Tür wird geöffnet.

Die Hütte kann in diesen Pausen zwischen den Runden verlassen werden, aber natürlich auch während einer Runde, wenn jemand das Gefühl hat, dass ihm die Hitze zu viel wird. Dies sollte aber nicht die Regel sein. Denn bedenke, dass du immer nur so viel bekommst, wie du auch tragen kannst. Vertraue, und wachse über dich hinaus.

Wenn alle Menschen in der Hütte bereit sind, bringt der Feuerhüter die nächsten sieben Steine und schließt die Tür. Die dritte Runde widme ich den »Restposten«. Darunter verstehe ich Folgendes: Ich habe dem Vater und der Mutter für all das Gute und ihre Unterstützung gedankt. Doch weiß ich auch, dass es im Leben Zeiten gibt, die von Wolken und düsteren Erlebnissen überschattet werden. Daher gebe ich den Teilnehmern in dieser Runde die Möglichkeit, aus ihrem Herzen laut herauszurufen, was an ihrem Vater- oder Mutterverhältnis bitter schmeckt. Alle gleichzeitig, doch jeder für sich, darf den »Restposten Schmerz«, seien es Härte, untersagte Hilfe, Missbrauch auf jeder Ebene oder einfach Ignoranz und Liebesentzug, laut herausrufen. Doch bevor wir dies tun, singen wir neunmal »Sowelo« (die Rune dieser Runde), um Licht in die Dunkelheit des Schmerzes zu bringen.

Ich singe und trommle so lange, bis es still wird in der Hütte. Wir beenden die dritte Runde mit der dritten Strophe des besagten Liedes und rufen gemeinsam laut »Hoi!«. Die Tür wird geöffnet. In der folgenden Pause gibt es neben der frischen Luft auch kühles Wasser für alle. Im Uhrzeigersinn werden die Wasserbecher weitergereicht, den ersten Schluck bekommt immer Mutter Erde, den Rest kann jeder für sich selbst verwenden: trinken, den Körper kühlen, oder was auch immer sich im Moment richtig anfühlt.

Sind alle bereit, bringt der Feuerhüter die letzten sieben Steine und schließt die Tür. In der vierten Runde gehe ich auf ein Thema ein, das bestimmt jeder kennt. Wir unterhalten uns angeregt und plötzlich passiert es: Stillstand, Stille, niemand sagt mehr etwas. Man schaut sich gegenseitig an oder blickt vielleicht auch zur Seite. Das kann doch nicht sein, dass man sich nichts mehr zu sagen hat. Und schon plappert jemand los, und alle sind froh, dass die Stille gebrochen ist. Wir haben verlernt, gemeinsam zu schweigen, manchmal empfinden wir Stille zwischen Menschen oder in uns sogar als peinlich. Dabei ist gemeinsames Schweigen ein Moment der reinsten Heilung und Wohltat.

Das Thema der vierten Runde ist daher »gemeinsames Schweigen«. Wir genießen das Schweigen in uns, die Stille in und um uns und lassen sie zu. Ich selbst empfinde Stille als ein Geschenk der Götter. Wir eröffnen die Runde, indem wir neunmal »Gebo« (die Rune dieser Runde) singen. Danach bitte ich die Teilnehmer, eine entspannte Haltung einzunehmen, einfach zu schweigen und ihre Aufmerksamkeit auf die Stille in sich selbst zu lenken und diese zu genießen. Ich bestreue die Steine in dieser Runde mit wohlriechenden, lieblichen Kräutern wie Lavendel, Rose oder Waldmeister. Sehr leise trommelnd und singend warte ich, bis jeder Mensch mit einem »Hoi!« sein Schweigen beendet.

In dieser Runde singe ich mit den Teilnehmern noch den Laut eine zweiten Rune. Wir haben gedankt, gebetet, losgelassen und aufgetankt. Um all das nun in den Fluss zu bringen, singen wir neunmal »Raido«. »Raido« ist unter anderem die Bezeichnung für das Rad. Keine andere Rune bringt etwas besser in Bewegung. Wir beenden die Runde mit der vierten Strophe eines Liedes und rufen ein letztes

Mal gemeinsam »Hoi!«. Die Tür öffnet sich, und die Menschen verlassen die Hütte. Draußen werden sie von einem freundlichen Feuerhüter in ihrem neuen Leben begrüßt.

Wir sammeln uns nun unter den Bäumen nahe der Hütte, kühlen unsere heißen Körper auf dem Leib von Mutter Erde, trocknen uns ab und hüllen uns in Tücher ein. Dies sind immer sehr schöne Momente. Ich kann dann immer die Erleichterung in den Gesichtern der Menschen sehen und ihre innere Zufriedenheit spüren. Fröhlich, oft sogar ausgelassen gehen sie in einen neuen Tag, der mit einem gemeinsamen Frühstück beginnt.

Die vier Strophen des Liedes, das ich im Text erwähnte, möchte ich dir gern näherbringen. Es wird aber, weil ich in Vorarlberg lebe, immer im Dialekt dieser Gegend gesungen. Vor vielen Jahren hörte ich, wie die Schamanin der »alamannischen Brauchtumsgemeinschaft Vorarlberg« eine Strophe dieses Liedes sang. Seitdem ließ mich das Lied nicht mehr los. Ich nahm mir deshalb die Freiheit, ein paar weitere Strophen zu dichten. Dies tat ich mit Überlegung und Ernsthaftigkeit und hoffe, dass ich keine heiligen Regeln breche, wenn ich dir dieses Lied nun vorstelle:

Der Vator heat mi Antlitz gseacha
so wird mi Heil erwacha dreimal
D'Muottor heat mi Antlitz gseacha
so wird mi Heil erwacha dreimal
D'Sunno heat mi Antlitz gseacha
so wird mi Heil erwacha dreimal
Dor Mond heat mi Antlitz gseacha

so wird mi Heil erwacha dreimal
Dia Göttor heant mi Antlitz gseacha
so wird mi Heil erwacha dreimal

Die Drachenhütte von Antara Reimann

Als Sabrina mich fragte, ob ich einen Beitrag über die Drachenhütte schreiben würde, war ich zuerst irritiert. Ich war, genau wie Sabrina, nicht sicher, was wirklich niedergeschrieben werden sollte. Ein paar Tage Bedenkzeit gab ich mir, und ich hielt Rücksprache mit meinen geistigen Verbündeten. Sie waren der Ansicht, dass ein solches Buch mit Erfahrungen und Erlebnissen in Schwitzhütten in die Welt sollte.

Die Drachenhöhle – Vorgeschichte

1996 bekam ich von einem amerikanischen *Native* der Crow das Recht, Schwitzhüttenzeremonien im Lakota-Stil aufzugießen. Sein Neffe erweiterte im Jahre 2002 diese Autorisierung um den Crow-Stil. Ich ging mit viel Freude und Hingabe ans Werk und machte ganz besondere Erfahrungen. Schnell stellte ich fest, dass ich es übernommen hatte, diese Zeremonien getreu der indianischen Tradition und nach ihren Regeln zu leiten. Immer öfter fragte ich mich aber, ob wir unsere Bedürfnisse hier in Europa mit dieser Form der Schwitzhütte wirklich abdecken würden.

Die Schwitzhütten waren immer sehr schön, tiefgehend und befreiend. Viele Gebete entwickelten sich zu Ergebnissen, und wir hatten sehr viel Freude im Kreis der Schwitzhüttenteilnehmer. Trotzdem kamen immer häufiger Zweifel auf, ob ich den mir eröffneten und übertragenen Weg richtig verstand. Mir fiel immer öfter auf, dass eine aus der Sicht der Teilnehmer gute Hütte immer heiß gewesen war. Lange Zeit war ich sogar bekannt dafür, dass meine Hütten besonders heiß waren – ja, es waren kriegerisch heiße Hütten!

Wer viel leiden konnte, bekam dafür viel Unterstützung – jedenfalls glaubten das einige Teilnehmer. Die Hütten, von denen Jahre später noch erzählt wurde, waren superheiße Hütten. Keiner sprach dann noch von den lauwarmen Hütten, in denen wir gesessen hatten und froh gewesen waren, dass niemand im Dunkeln unsere Tränen der Rührung beim Lauschen der Gebete der anderen sehen konnte. In solchen Hütten war es nicht so heiß, dass man sich über den Schmerz des Körpers ablenken konnte. Die Seele war einfach lauter als die Hitze.

Mir kam das irgendwann nicht mehr richtig vor. Aus meiner Sicht kann Heilung auch ohne Leid erfolgen. Liebe muss nicht wehtun. Dass eine Schwitzhütte auf der Ebene des Herzens wirkt, hatte ich ohnehin schon immer fühlen können.

Aus diesem Grund entschied ich mich im Sommer 2006, auf unserem Gelände keine neue Schwitzhütte mehr zu bauen. Mein Partner Peter und ich wollten alte Wege neu gehen, Wege, die hier in Europa verbreitet waren und/oder es noch sind. Damit war für uns das Thema »Schwitzhütten leiten« erst einmal erledigt.

Dachten wir jedenfalls ...

Die Drachenhöhle – Wie alles begann …

»Mich trifft der Schlag!«, dachte ich und hätte fast gebremst. Auf dem Rückweg zur Fähre in Dover tuckerte ich im Sommer 2008 auf der Autobahn vor mich hin, genoss die Aussicht und blickte in Gedanken auf die schönen Tage in Glastonbury zurück. Die Reisegruppe, die ich geführt hatte, war super, auch wenn sie überall nur Drachen gesehen hatte. Ich gab mir Mühe, dies nicht weiter zu beachten, denn wir waren eigentlich auf den Spuren von Merlin und Morgaine unterwegs. Andererseits verlief durch Glastonbury auch die Michaelslinie und daher dürften dort auch Drachen zu sehen sein.

Ich traute meinen Augen nicht, als ich zum Beifahrersitz blickte. Dort saß ein Drache – grün mit einer leichten Gelbfärbung am Bauch. Groß war er, der Platz neben mir war eigentlich zu klein für ihn. Er grinste und wirkte auf mich ein bisschen stolz. »Was willst du denn hier und vor allem, wo kommst du her?«, fragte ich irritiert. »Nimm mich mit, du brauchst mich.« – »Ich brauche dich nicht. Was soll das denn? Mach, dass du aus dem Auto verschwindest, und gehe dorthin zurück, wo du hergekommen bist«, fauchte ich ihn an, »das Letzte, was ich jetzt gebrauchen kann, ist ein grüner Drache!« Nach den letzten Tagen hatte ich genug von Drachen. »Nimm mich mit, du brauchst mich«, wiederholte er. An der nächsten Möglichkeit hielt ich an, öffnete die Beifahrertür und forderte ihn auf, auszusteigen. »Du brauchst mich«, wiederholte er erneut. Es war nicht, was er sagte, sondern wie er es sagte, was mich unsicher werden ließ. Er sprach so ruhig, unaufdringlich und sanft – und so selbstverständlich.

Ich begann, mich zu beruhigen und ließ das Ganze erst einmal auf mich wirken. Nach einer Weile fand ich meine Sprache wieder und begann, mit ihm zu verhandeln. »Wir haben doch gar keinen Platz für dich. Wo willst du denn bleiben? Ganz abgesehen davon bist du bestimmt nicht wirklich so klein, wie du jetzt wirkst«, gab ich zu bedenken. Er lächelte, weil er wusste, dass er gewonnen hatte. »Hinten in eurem Garten in der Erdecke werde ich wohnen. Du brauchst dich um nichts zu sorgen.« Damit war es beschlossen: Er kam mit. »Bei uns wohnt ab sofort ein grüner Drache, na prima. Jetzt bin ich völlig daneben«, dachte ich. Ich stieg wieder ein und schwieg die nächsten Stunden.

Im Trubel des Ankommens vergaß ich ihn. Er war tatsächlich in der Erdecke verschwunden, und dort verhielt er sich erst einmal ruhig. Ich räumte zunächst mein ganzes Gepäck wieder ein und ruhte mich aus. Langsam kehrte die alltägliche Routine zurück. Ein paar Tage nach meiner Ankunft wurde ich gebeten, eine Frauenschwitzhütte zu leiten. Nach der langen Zeit der Abstinenz freute ich mich, wieder eine Schwitzhütte leiten zu können. Da wir keine eigene Hütte mehr hatten, versprach ich, mich um eine zu kümmern.

An einem der folgenden Tage arbeitete ich im Garten. Zur Pause setzte ich mich auf die Terrasse des Seminarhauses. Mein Blick schweifte über den Platz, und plötzlich sah ich seinen Kopf im Schilf. Breit grinste er: »Na, angekommen?«, fragte er. Ich hatte wirklich nicht mehr an ihn gedacht. »Smalltalk mit einem Drachen!«, dachte ich. Aber dann grinste ich ihn verlegen an und beschloss, Frieden zu schließen – ich hatte ja doch keine andere Wahl.

»Endlich können wir mit der Arbeit beginnen, jetzt, da du meine Anwesenheit anerkennst«, sagte er und fuhr fort: »Wisse: Ich würde niemals gegen deinen Willen handeln.« Bei diesen Worten schaute er mich ernst an, ein bisschen wirkte es, als würde er innerlich liebevoll lächeln. Nach einer kleinen Pause sprach er weiter: »Du musst keinen Schwitzhüttenplatz suchen. Hier in der Erdecke sollst du eine Drachenhöhle bauen. Eine Drachenform soll sie haben, denn sie ist der Bauch der Urdrachin. Ich bin ihr sichtbarer Hüter. Die Kraft der Drachen aller Elemente wird hier vereint wirken. Heilhütten werden wir hier unterstützen. Die Feuerdrachen schenken euch ihren Feueratem und erhitzen die Steine, die Wasserdrachen geben ihr Blut, die Luftdrachen schenken euch stets frischen Wind für einen klaren Kopf, und die Erddrachen sind die Höhle und der Boden, der euch trägt. Stark wird sie sein – die Kraft. Deshalb achtet sie, damit sie keinen verletzt. Hingabe, Achtsamkeit und Miteinander sollen eure Intention sein, wenn ihr die Drachenhöhle betretet. Wir freuen uns, dass wir wieder mit Menschen zusammenarbeiten. Eine lange Zeit waren die Drachen vor den Erdbewohnern versteckt, jetzt kommen wir wieder zurück. Für unsere gemeinsame Entwicklung treten wir wieder in diesen Kreis ein und stellen unsere Kräfte zur Verfügung. Uns ist klar, dass diese Anpassung langsam gehen muss, weil eure und unsere Energien sehr unterschiedlich schwingen. Wir werden achtsam sein, doch wissen wir auch, dass das Erreichen eines guten Ergebnisses von der Bereitschaft zum Handeln abhängt.

Lasst eure Energien in der Drachenhöhle tanzen, schwingt hinauf in das Universum und hinunter zum Erdkern. Verbindet euch mit der Schöpfung, und wir werden euch in allem unterstützen.«

Die Drachenhöhle – Technischer Aufbau

Die Form der Drachenhöhle ist – von oben betrachtet – ein liegender Drachenkörper mit an der Seite liegendem Schwanz. Dieses Detail ist wichtig, weil die Energieverbindung zu Mutter Erde über den Schwanz erreicht wird. Die Zahl 13 spielt beim Bau eine entscheidende Rolle. Eine klare Ansage der Drachen war die, beim Bau der Drachenhöhle möglichst einheimische vertraute Erzeugnisse zu verwenden. Auf diese Weise soll die Drachenhöhle mit dem Ort, an dem sie steht und wirkt, verbunden werden.

Für unsere Drachenhöhle benutzen wir Haselnussäste. Haselnusssträucher gibt es bei uns viele, und sie wachsen sehr schnell. Ihre Äste sind im Frühjahr sehr biegsam. Aus ihnen werden die Rippen der Hütte gebogen. Wie diese gebogen und im Boden verankert werden, lässt sich bei Sabrinas Beschreibung nachlesen. Das Gerüst der Drachenhöhle besteht aus 13 senkrechten Rippen – je sechs auf jeder Seite und eine einzelne hinten für den »Schwanzansatz« des Drachen. Diese 13. Rippe symbolisiert die Wirbelsäule. Sie wird von kreuzweise gepaarten, miteinander verbundenen Seitenrippen stabilisiert.

Vorn am Eingang ist der »Brustkorb«. Die Eingangsöffnung ist nach Südwesten ausgerichtet. Sie kann aber auch nach Nordosten, Südosten oder Nordwesten zeigen. Die Ausrichtung des Eingangs beeinflusst das Element, das vom Feuer besonders angeregt wird, weil an der Kontaktstelle von Eingang und Feuer die Energie übergeben wird. Zeigt der Eingang beispielsweise nach Südosten, wirkt die Feuerkraft besonders über das Element Luft, im Südwesten über das Feuer, im Nordwesten über das Wasser und im Nordosten über die Erde bzw. über die Steine.

Zwei parallele Steinlinien bilden den »Hals« des Drachen. Sie führen vom Eingang in einer Biegung zum Feuerplatz, dem »Kopf« des Drachen. Der Feuerplatz liegt immer im Süden.

Das »Herz« – also die Vertiefung, in der die heißen Steine liegen – befindet sich im vorderen Drittel der Höhle, etwas nach rechts versetzt, eben genau dort, wo, von oben gesehen, das Herz eines liegenden Drachen wäre.

Nach hinten hin verjüngt sich die Höhle auf eine Spitze, aus der die »Wirbelsäule« nach vorn zeigt. Links und rechts der »Wirbelsäule« sind je sechs waagrechte Haselnussruten, die hinten an der Spitze zum »Schwanz« zusammengefasst werden. Dies ergibt zusammen also wieder 13 Haselnussruten.

Zum Verbinden der Streben nutzen wir grüne Stoffstreifen aus Baumwolle. Grüngelb ist der Hüterdrache unserer Drachenhöhle, und mit dieser Farbe möchten wir uns bei ihm bedanken und uns immer an seine Anwesenheit erinnern – auch wenn er sich gerade nicht zeigt. Es gibt aber keine vorgeschriebene Farbe dafür.

Zum Abdecken der Drachenhöhle benutzen wir Decken aus Schafwolle. Wir hätten gern Naturfelle genutzt, aber diese sind in der benötigten Menge sehr teuer und außerdem aufwendig zu lagern.

Wir wohnen im nördlichen Westerwald, und diese Region nennt man auch »Wiege des Basalts«. Somit finden wir hier überall Basaltsteine – erkaltetes Lavagestein –, die sich hervorragend als Träger der Feuerkraft der Drachen eignen.

Die Drachenhöhle – Die Zeremonie

Im Bauch der Drachin sitze ich,
warte auf das, was kommen wird.
In der Luft die Hitze,
auf meiner Haut der Atem der Drachen.
Ich beginne zu beten,
spüre die Anwesenheit der Kraft.
Alte Kräfte wollen heilen,
entfernen, was nur noch Ballast ist.
Meine Gebete schwingen hinauf ins Universum
und hinab in die Tiefe der Erde.
Ich tanke die Kraft der Drachen,
stimme ein in ihr Lied.
Ich spüre die Hilfe,
öffne mein Herz,
verschenke meine Liebe in Dankbarkeit.

Jede Drachenhöhle hat einen Hüterdrachen, der außerhalb der Zeremoniezeit den Platz hütet und die Energie aufrechterhält. Es gibt weibliche und männliche Hüterdrachen, beide Geschlechter sind gleichwertig. Außerhalb einer Zeremonie kann man am besten mithilfe eines Hüterdrachen Kontakt zu den Drachen aufnehmen. Wenn die »Chemie stimmt« , zeigt dieser sich und stellt den Kontakt her.

Während der Zeremonie in der Drachenhöhle sitzen wir im Leib der »Urdrachin«. Darin gibt es vier besondere Plätze, die für jeweils einen Drachen reserviert sind. Wenn wir uns vorstellen, dass der Drache vier Beine hat, befinden sich diese Plätze jeweils auf Höhe der »Beinansätze«. Der Platz links neben dem Eingang ist der des Wasserdrachen. Seine Farbe ist blau in allen Nuancen. Auf diesem Platz sitzt die Person, die die Zeremonie leitet. Sie hat von dort einen freien Blick auf die Feuerstelle und kann dem Feuerhüter beim Hereinreichen der Steine gut zur Hand gehen. Darüber hinaus trägt diese Person mithilfe des

Aufgusswassers die Gebete zu den Drachen. Der Wasserdrache hilft bei allen flüssigen, fließenden oder gestauten Prozessen. Er wirkt unterstützend, wenn Dinge nicht im Fluss sind oder wenn zu viel wegfließt.

Im Uhrzeigersinn der nächste Platz ist der des Erddrachen. Seine Farben sind Grün, Braun und Gold. Er hilft bei allen Prozessen, die mit der Materie zusammenhängen. Auf der Körperebene wirkt der Erddrache unterstützend bei allen Problemen, die mit Mineralien und den Knochen zusammenhängen.

Der dann im Uhrzeigersinn folgende Platz ist der des Luftdrachen. Seine Farbe ist Gelb in allen Schattierungen. Der Luftdrache bringt frischen Wind, klare Gedanken und trägt Gedanken und Worte in die Welt, außerdem klärt er geistige Verwirrungen.

Der Platz rechts vom Eingang gehört dem Feuerdrachen. Seine Farbe ist Rot. Er unterstützt uns bei Prozessen, in denen das Feuer im Ungleichgewicht ist.

Wenn der Feuerhüter das Holzbett für die Steine errichtet hat, legen alle Gruppenmitglieder nacheinander die Steine darauf. Bei jedem Stein wird ein kurzes Gebet gesprochen. Dadurch werden die Bitten auf den Stein übertragen. Während der Zeremonie sind die Steine die Träger unserer Bitten.

Als Nächstes decken wir die Drachenhöhle zu. So bilden wir das Energiefeld, das uns unterstützen wird. Dann wird das Feuer entzündet. Damit sind die technischen Vorbereitungen für die Schwitzhütte beendet. Ab diesem Zeitpunkt beginnen die Drachenenergien zu tanzen. Nun legen wir den »Hals«, der den »Drachenkörper« mit der Feuerstelle, dem »Kopf« des Drachen, verbindet. Dafür nehmen wir kohlkopfgroße Steine und legen zwei parallele Spuren. Auf diese Weise wird die Verbindung zwischen Drachenhöhle und Feuerkraft geschaffen, und die Drachenhöhle füllt sich nach und nach mit den Gebeten aus den Steinen. Bis die Steine heiß genug sind, verbringt jeder die Zeit in Ruhe.

Eine Zeremonie in der Drachenhütte dauert fünf Runden. In jeder Runde wirkt eine der vier Drachenenergien. Die letzte Runde ist für uns Menschen und für den Kontakt zu den Drachen. In ihr wenden wir uns direkt an die Urdrachin, die Hüterin allen Lebens. Ihre Farbe ist Violett. In dieser Runde kann für das gebetet werden, was während der vorherigen Runden neu entstanden ist oder noch nicht geklärt wurde.

Während der Zeremonie wird jeweils von einer der anwesenden Personen eine Drachenenergie getragen. Diese Person dient der Energie, ruft den Drachen der jeweiligen Energie in die Höhle und spricht das Eröffnungsgebet. Es ist auch möglich, dieser Person ein persönliches Problem zu schildern. Sie kann dann auf besondere Art mit dem Drachen darüber verhandeln.

Ist keine geeignete Person für die Kontaktherstellung zu einem »Elementedrachen« anwesend, muss der Platz des entsprechenden Drachen freigelassen und durch ein Sitzkissen in der Farbe des Drachen markiert werden. Die entsprechenden Gebete übernimmt dann der Schwitzhüttenleiter.

Während der einzelnen Runden erhält jeder Teilnehmer die Möglichkeit, eigene Bitten an die Drachen zu richten. Der Gesang in der Drachenhöhle erregt die Aufmerksamkeit der Drachen und ist gleichzeitig ein Zeichen unserer Anerkennung und unseres Dankes.

Zwischen den einzelnen Runden werden ausreichende Pausen gemacht. Manchmal will jemand über das Erlebte reden, manchmal lassen wir es auch einfach nachklingen.

Nach der zweiten und dritten Runde gibt es klares Wasser zu trinken. Vor jeder Runde erklärt der Leiter der Zeremonie die Hintergründe und die Möglichkeiten der jeweiligen Drachenenergie. Wer sich von einer Energie besonders angesprochen fühlt, kann sich nach hinten nahe an den »Schwanzansatz« legen und dort eine Heilbehandlung erhalten.

Wie bereits erwähnt, mögen die Drachen Materialien aus der Region, in der sie wirken. Auf gar keinen Fall möchten Drachen hier bei uns Tabak. Der Erddrache liebt Bohnen, wegen ihres Duftes dürfen es auch gern Tonkabohnen sein, auch wenn diese hier nicht wachsen. Der Luftdrache riecht sehr gern Kiefernharz, unser Feuerdrache liebt Wacholderspitzen, und der Wasserdrache freut sich über Salz. Diese nehmen wir als Geschenk mit in die Zeremonie und legen sie zu Beginn jeder Runde als Dank auf die Steine.

Die Drachenhöhle – Persönliches und was die Drachen dazu sagen

Drachenmedizin ist ein Geschenk des Kosmos an uns Menschen. Die Kraft der Drachen ist mächtig. Sie erfordert Klarheit und unterstützt uns dabei, unsere eigene Kraft zu fühlen und zu aktivieren. Sie fordert uns auf, über uns hinauszuwachsen und unser ganzes Potenzial zu leben.

Schwitzhüttenzeremonien sind nie gleich. Selbst wenn eine Schwitzhütte von derselben Person in der gleichen Tradition mit denselben Teilnehmern geleitet wird, ist sie trotzdem nicht identisch mit vorherigen. Schwitzzeremonien, egal ob in einer indianischen Hütte, Erdhütte oder auch einer Drachenhöhle, haben hinsichtlich der Vorbereitungen und des Umgangs mit dem Wasser und den Steinen viele Gemeinsamkeiten. Alles, was der gesunde Menschenverstand im Umgang mit den Naturkräften empfiehlt, gilt auch bei der Drachenhöhle. Kaltes Wasser, das auf heiße Steine geschüttet wird, spritzt immer – egal wo. Ungeeignete Steine platzen immer – egal wo. Bitte beachtet die von Sabrina ausführlich beschriebenen Anleitungen und Vorsichtsmaßnahmen auch im Umgang mit der Drachenenergie. Drachen vermitteln immer Klarheit und Struktur. Deshalb können auch Frauen während der Menstruationstage an einer Drachenzeremonie teilnehmen. Allerdings empfehle ich jeder Frau, vorher genau zu überlegen, ob diese Zeremonie gerade wirklich hilfreich wäre oder ob ein entspannter Tag auf dem Sofa nicht viel mehr bringen würde.

Drachen nehmen weg, was nicht mehr zu uns gehört und bringen, was benötigt wird. Drachenmedizin wirkt geradlinig und schnörkellos, dabei ist es unwichtig, ob die Drachen männlich oder weiblich sind. Die Drachen öffnen für jeden den notwendigen Raum. Aber wer die Drachen um Hilfe anruft, muss sich sicher sein, dass er die Hilfe auch wirklich will, denn nicht immer ist das Ergebnis so, wie es erwartet wurde. Aber es ist immer im Sinn des eigenen höheren Seins. Als Gegenleistung für ihre Unterstützung erwarten die Drachen Achtung, Wertschätzung und Freundschaft.

Aufgrund ihrer Bauform sind die Seitenwände der Drachenhöhle fast senkrecht. Dies ermöglicht es, aufrecht zu sitzen. Die Drachenenergie baut auf und richtet uns auf unser Ziel aus.

In der Drachenhöhle ist es oft sehr heiß, aber nie auf eine beschwerliche, sondern immer auf eine befreiende Art und Weise. Ich wurde bisher nie an meine Grenzen gebracht, aber immer sanft beflügelt, meine Grenzen zu überschreiten.

Aufgrund meiner bisherigen Erfahrungen mit der Drachenenergie, würde ich mich nie trauen, ein »Egospiel« zu treiben. Die Energie ist immer stärkend, klärend und ausrichtend. Aber Drachen lassen sich nicht »vor einen Karren spannen«. Sie merken, wenn man es nicht ernst meint. Dann ziehen sie sich entweder zurück oder liefern die bestellte, kosmische Lernerfahrung.

Für Drachenhütten gibt es keine Autorisierungen durch Menschen. Die Drachen suchen sich die Menschen aus. Sie gehen nur dorthin, wo sie sich wohlfühlen und wo eine erfüllende Zusammenarbeit möglich ist. Drachen wollen aufrechte Menschen mit Stärken und Schwächen, die lachen und weinen, zaudern und kämpfen können – aber immer mit klarem und ehrlichem Herzen.

Die Vorbereitungen für eine Zeremonie in der Drachenhöhle beginnen bereits einige Tage vorher. Immer wieder bekomme ich im alltäglichen Geschehen Hinweise zur Vorbereitung und/oder zur Durchführung. Mir wird mitgeteilt, worauf ich zu achten habe, was passieren kann oder wird. Es gibt keinen klaren Ablauf, denn die Zeremonie an sich leiten die Drachen. Der Schwitzhüttenleiter ist nur der Erfüllungsgehilfe und der materialisierte Arm.

Deshalb mache ich mich möglichst frei von meinen eigenen Gedanken, damit ich offen bin für ihre Anweisungen. Besonders schön finde ich es, dass auch mir als Leiterin der Zeremonie oft ein Raum geöffnet wird, für mich selbst Bitten auszusprechen. Die Drachen sorgen für jeden, der sich ihnen anvertraut.

Manchmal werde ich ein paar Tage vor einer Drachenhöhle etwas krank. »Das reinigt«, erklärte mir unser Hüterdrache, »mache dir keine Gedanken. Du bist eben manchmal im Umgang mit uns Drachen noch ein kleiner ›Schisser‹.« Dabei grinste er breit.

Aufgrund meiner bisherigen Erfahrungen fühle ich mich unendlich geborgen und empfinde eine tiefe Verbundenheit und ein grenzenloses Vertrauen in die Führung der Drachen. Und mit ihrem Humor komme ich gut klar.

Schwitzhütten zu den Jahreskreisfesten von Jeanne Ruland

einatmen, halten, ausatmen, halten
Tagundnachtgleiche, Sommersonnenwende,
Tagundnachtgleiche, Wintersonnenwende
zunehmender Mond, Vollmond,
abnehmender Mond, Neumond
Sonnenaufgang, Mittag, Sonnenuntergang, Mitternacht

Die Spirale des Lebens dreht sich stets am selben Punkt im Kreis, doch die Einweihung in das Sein erfahren wir auf einer anderen Stufe.
Mal tanzen wir nach innen, mal nach außen. Wir nehmen an und lernen den Tanz des Lebens.
Wir wissen, was war, was ist, was wird, ist nie vergebens.
In der Begegnung mit den Zeitqualitäten können wir die Zwischenräume gestalten, wir werden zum Schöpfer unseres Seins, drehen uns in der Spirale nach innen, um die Ewigkeit im eigenen Sein zu gewinnen.
Haben wir das ewige Licht in uns gefunden, können wir es in neuen Runden wieder nach außen tragen. So erleuchten wir die Welt, wir schöpfen, weben, knüpfen, lösen, binden und erschaffen.
Alle Kraft kommt von innen, hier finden wir Ruhe.
Nutze die Zeit, und lausche dem Schöpfungsgesang,
gib hinzu deinen eigenen Klang, im Bauch von Mutter Erde
der neue Samen in uns werde.

In der Rückverbindung mit der Natur können wir uns stärken, stabilisieren, die uns innenwohnende Schöpferkraft aktivieren, unsere Wurzeln heilen und die Kraft in uns finden. Liebe kann fließen und pulsieren, denn Schöpfung ist Liebe.

Die acht Jahreskreisfeste richten sich nach kosmischen Ereignissen, nach den Jahreszeiten sowie nach den Lebenszyklen. In einem Jahr findet ca. alle sechs bis acht Wochen ein Jahreskreisfest statt. Abwechselnd werden vier Mondfeste und vier Sonnenfeste gefeiert. Sie richten sich nach dem Stand der Sonne, die vier Mond-, Erd- oder auch Feuerfeste richten sich nach dem Mondstand. Die Themen dieser Jahresfeste beschreiben den gesamten Lebenszyklus eines Menschen. Alle sechs bis acht Wochen verändert sich die Zeitqualität im Einklang mit der Natur.

Wir sollten diese acht Tore im Jahreskreis nutzen, um innezuhalten, bewusst einen Blick auf die Geschehnisse in der Natur zu werfen, zu reflektieren, uns zu reinigen, loszulassen, Neues zu empfangen, uns zu stärken und bewusst in die neuen Lebensabschnitte zu gehen.

Eine Schwitzhütte ist als Teil eines Jahreskreisfests hervorragend geeignet. Sie bietet einen geschützten Raum und dient der körperlichen, geistigen, energetischen und seelischen Reinigung. Man kann durch sie von einem alten in einen neuen Zustand gelangen. Im Bauch von Mutter Erde regt sich neues Leben. Altes vergeht, und es entsteht Neues.

Die Hütten können auf die Themen des Jahreskreisfests abgestimmt werden und zu bestimmten Zeiten morgens, mittags, abends, nachts, zu Neumond oder zu Vollmond abgehalten werden. Wenn wir im Einklang mit der Schöpfung den Kreis des Jahres abschreiten, trägt, stärkt und leitet uns die Qualität des jeweiligen Zeitabschnittes. Wir werden von einer höheren Kraft geleitet, in der alles seinen Platz und seine Ordnung hat: nicht »entweder oder«, sondern »alles zu seiner Zeit«. So lernen wir, alle Qualitäten des Lebens zu schätzen und zu achten.

31.10.–2.11. Samhain: Neumond, Halloween, Allerseelen, keltischer Jahresanfang
Alter, Tod, Westen – Norden

21.12.–24.12. Julfest: Wintersonnenwende, Weihnachten
Empfängnis, Norden

1.2.–3.2. Imbolg: zunehmender Mond, Maria Lichtmess
Kindheit bis zum siebten Lebensjahr, Norden – Osten

21.3. Ostara: Frühlingstagundnachtgleiche, Osterfest
siebtes bis 14. Lebensjahr, Osten

21.4.–1.5. Beltane: Vollmond, Tanz in den Mai
14. bis 21. Lebensjahr, Osten – Süden

21.6. Litha: Sommersonnenwende, heilige Hochzeit
21. bis 35. Lebensjahr, Süden

1.8. Lughnasadh: abnehmender Mond, Kräuterweihe
35. bis 50. Lebensjahre, Süden – Westen

21.9. Mabon: Herbsttagundnachtgleiche,
Erntedankfest
ab dem 50. Lebensjahr, Westen

In den folgenden Abschnitten findest du kurze Beschreibungen der acht Jahreskreisfeste und dazu passende Möglichkeiten, die Schwitzhütte als Teil dieses Fests zu nutzen. Es sind nur Anregungen und Beispiele. Jeder Schwitzhüttenleiter ist aufgerufen, eigenverantwortlich und im Kontakt mit seinen *Spirits* und den jeweiligen Zeitqualitäten, eine Schwitzhütte zu leiten und zu gestalten. Die begleitenden Lieder können vorgegeben sein oder spontan in der Gruppe, die zusammen diese Zeremonie feiert, entstehen. Es gibt eine Vielfalt an Möglichkeiten, aus der wir schöpfen können.

31.10.–2.11. Samhain

Himmelsrichtung: Westen – Norden
Qualität: Neumond
Zeichen: Skorpion
Zeitabschnitt: Alter, Tod
Ahnenhütte: Abendhütte, beginnend in der Dämmerung; Eingang im Westen
Themen: die Vorfahren, die Alten, Weisheit, Begegnung mit dem Tod, auf das Wesentliche schauen und daraus Kraft schöpfen, Hingabe, loslassen

Beschreibung:

Dieses Fest ist den Ahnen gewidmet, die vor uns kamen und unseren Weg geebnet haben. An diesem Tag erinnern wir uns daran, dass Leben und Tod zusammengehören und in einem ewigen Kreislauf fließen.

Großmütter und Großväter sind weise Ratgeber. In unseren Ahnenreihen gibt es männliche und weibliche Ahnen, die in ihrer vollen Kraft – physisch, geistig, seelisch, energetisch und spirituell – eine bestimmte Medizin in sich tragen. Daneben gibt es viele Ahnen, die Schmerz, Verfolgung und anderes ertragen haben. Manche dieser Seelen suchen Heilung und Erlösung, die wir ihnen an diesem Tag zukommen lassen können. Auch können wir etwas über die wahre Kraft unseres Bluts erfahren und diese Kraft wieder annehmen und weitertragen. Wir können von unseren Ahnen einen Segen für den vor uns liegenden Weg erhalten und haben die Möglichkeit, an unseren Wurzeln zu arbeiten. Wir reihen uns in unsere Ahnenlinie ein, und wir wertschätzen unsere Wurzeln. Die Wurzeln zu ehren, bedeutet, seine Flügel zu entfalten.

Vorbereitung:

Wir können vor der Schwitzhütte einen kleinen Ahnenschrein aufbauen, an dem wir Fotos und Gegenstände platzieren, die wir mit unseren Ahnen verbinden. Auch können Speisen und Getränke, die die Ahnen zu ihren Lebzeiten gern eingenommen haben, darauf gelegt werden. Kerzen für die weibliche und die männliche Ahnenlinie werden entzündet.

Im Vorfeld der Schwitzhütte kann jeder etwas über einen Ahnen erzählen, der ihm besonders am Herzen liegt. Indem man den Ahnen einen Stein mit einem Segenswunsch widmet, werden sie zu der Zeremonie eingeladen.

Räucherwerk:

Salbei, Myrrhe und alles, was stimmig ist

Ablauf der Ahnenhütte:

Erste Runde:

- Ahnentempel errichten
- die Hüter der vier Himmelsrichtungen, die Ahnen, die Kraft des Herzens und die Helfer des Himmelreichs einladen
- um Segen bitten
- gemeinsam singen

Zweite Runde:

- Heilrunde für alles, was zu Lebzeiten nicht geklärt werden konnte
- ablegen von allem, was man nicht mehr weitertragen möchte
- Lichtkanal bilden, in dem die Seelen aufsteigen können

Dritte Runde:

- Segen der männlichen Ahnenlinie (Großväter) erbitten
- Segen der weiblichen Ahnenlinie (Großmütter) erbitten
- von beiden Seiten je ein Geschenk für den neuen Zyklus empfangen
- abwechselnd Zwiesprache mit den Ahnen halten und singen

Vierte Runde:

- Segenswünsche für alle, die mit uns sind und die nach uns kommen werden
- die Kraft unseres Bluts auf segensvolle Weise weitergeben
- Tempel wieder abbauen

21.12.–24.12. Julfest

Himmelsrichtung: Norden
Qualität: längste Nacht und kürzester Tag
Zeichen: Schütze und Steinbock
Zeitabschnitt: Empfängnis
Eintrittshütte: beginnend um Mitternacht
Themen: Stille, innehalten, Reinigung, Vorbereitung, empfangen des Lichtsamens, hüten, annehmen, allen danken, die bisher diesen Weg mit uns gegangen sind

Beschreibung

Dieses Fest ist ein Hochfest und richtet sich nach dem Sonnenstand. In allen Kulturen und zu allen Zeiten wurde die Sonne als universelle Trägerin des Lichts geehrt. Das Fest findet in einer Zeit der größten Finsternis und der längsten und kältesten Nächte statt. In der längsten Nacht des Jahres wird das ewige Licht wiedergeboren und beginnt, an Kraft zu gewinnen. In dieser Zeit findet unmerklich die Wende zum Neuen statt. Dies wird begrüßt und gefeiert. Die Wiedergeburt des Lichts bringt Hoffnung und Freude. Wir sollten diese Feier achtsam und in Stille begehen.

Vorbereitung

Wir können einen kleinen Altar mit Lebkuchen, selbst gebackenen Plätzchen, Obst, Kerzen, Nüssen und Getränken aufstellen. Den Naturwesen bieten wir Milch, Wasser,

Wein und Brot. Als Symbol für die Geburt entzünden wir eine schöne Kerze. Am Julfest wird die Jahresrune für das kommende Jahr gezogen. Wenn man möchte, kann man Karten ziehen, um Botschaften für das neue Jahr zu empfangen.

Räucherwerk

Salbei, Weihrauch, Styrax und anderes beruhigendes Räucherwerk

Ablauf der Empfängnishütte

Wir schaffen eine ruhige, tiefe, heilige Atmosphäre, in die wir unsere unsichtbaren Helfer einladen. Für die Hütte können wir einen Stein für unsere *Spirits* segnen.
Erste Runde:

- Segnung der vier Himmelsrichtungen
- *Spirits* einladen
- Stille

Zweite Runde:

- Energiefeld reinigen, indem der Körper mit natürlichem Salz abgerieben wird
- mit einem selbst gebundenen Blattbesen das Energiefeld abfächern und klären
- ein ruhiges Lied singen

Dritte Runde:

- Jeder empfängt zu seiner Zeit das neue Licht und nimmt es in sein Herz auf.

Vierte Runde:

- Segensrunde für alles, womit wir sichtbar und verborgen verbunden sind
- sich in das neue Licht hüllen
- Hoffnung, Dankbarkeit und Freude für das neue Jahr und für alle mit uns Lebenden und nach uns Kommenden aussprechen
- Segnung der neuen Jahresqualität

1.2.–3.2. Imbolg

Himmelsrichtung: Norden – Osten
Qualität: zunehmender Mond
Zeichen: Wassermann
Zeitabschnitt: Geburt, Kleinkind bis zum siebten Lebensjahr
Elementehütte: beginnend am frühen Morgen
Weitere Anregungen: Sonnenaufgangshütte, Kinderschwitzhütte, Göttinnenhütte
Themen: das Licht des neuen Morgens wird geboren, Erweckung, Wintervertreibung, Wecken der Lebenssäfte, Übergang vom Winter zum Frühling

Beschreibung

Dieses Lichterfest ist der keltischen dreifaltigen Göttin Brigid gewidmet. Sie repräsentiert die Jungfrau, die liebevoll nährende und sorgende Mutter und die weise Alte. Als

Licht- und Feuergöttin bringt sie Wärme und Kraft in alle Aspekte des Seins. Sie hilft, die innere Wahrheit zu finden und zu leben und unterstützt dabei, den Lebensplan zu entfalten und entfachen: so wie in dieser Jahreszeit das Licht zurückkehrt und unaufhaltsam zunimmt und Wärme und Kraft in alle Bereiche trägt, damit die Natur erwachen und sich entfalten kann.

Das Leben regt sich in der Erde. Die ersten Blumen machen sich zum Durchbruch bereit. Der Winter wird ausgetrieben. Er wird mit Masken, Lärm und Krach verscheucht, damit sich das Licht ungehindert seinen Weg bahnen kann. Ein geeignetes Lied für diese Zeit ist »Winter Ade«.

Vorbereitung

Wir errichten einen Altar mit vielen Kerzen, die wir im Lauf des Jahres verwenden möchten. Gegenstände, die eine besondere Bedeutung haben und einen im neuen Zyklus begleiten sollen, können heute gereinigt und gesegnet werden. Opfergaben werden an die Natur gegeben.

Räucherwerk

Erde: Bärwurz, Feuer: Copal, Wasser: Salbei, Luft: Lavendel, Äther: Weihrauch (für jedes Element und jede Runde eine bestimmte Räucherung)

Segnung der Elemente für das neue Lebensjahr

Erste Runde: Element Erde

- Beten für die und Segnen der Erde und der neuen Saat
- persönliche innere Planung des Jahres

Zweite Runde: Element Feuer

- Beten für das und Segnen des Feuers für die neue Runde
- Energie und Kraft, Altes gehen zu lassen und Neues zu entfachen und zu tragen

Dritte Runde: Element Wasser

- Beten für das und Segnen des Wassers für die neue Runde
- Bereitschaft, Dinge zu bereinigen

Vierte Runde: Element Luft

- Beten für die und Segnen der Luft für die neue Runde
- Inspirationen und Anregungen empfangen
- Visionen für das kommende Jahr erhalten

Fünfte Runde: Element Äther

- Beten für den und Segnen des Äthers für die Kraft, alles was vorgesehen ist, aktiv und mit ganzem Herzen in der neuen Lebensrunde zu verwirklichen
- Segen und Geschenk der Göttin Brigid für die neue Runde empfangen

sanftes wärmendes Räucherwerk wie Vanille, Styrax, Pfefferminze, Rosenweihrauch

Erste Runde:

- in den inneren Seelengarten gehen
- Einhörner rufen
- Glöckchen, sanfte Klänge, Wiegenlieder

Zweite Runde:

- das kleine Kind in uns segnen
- die Kinder in der Hütte segnen

Dritte Runde:

- mithilfe des Einhorns zu alten Erinnerungen gehen und fühlen, wie diese durch die Berührung mit dem Horn Heilung erfahren
- seinen eigenen Ton, sein eigenes Lied singen
- sich beim Einhorn bedanken
- gemeinsam Wasser trinken

Vierte Runde:

- Segenswünsche für das Leben und die Welt
- Lärm machen, um das Neue zu rufen und das Alte zu verscheuchen
- »Winter Ade«
- Segen des Lichts für das bevorstehende Jahr empfangen

Ablauf der Hütte für die Göttin Brigid

Erste Runde:

- die Göttin und die Kraft des Lichts mit seinen Aspekten einladen

Zweite Runde: der jungfräuliche Aspekt, der Samen

- Bitten für die Samen, die in diesem Jahr erblühen sollen
- eine Seite bittet, die andere singt – abwechselnd

Dritte Runde: der mütterliche Aspekt, Pflege und Hege des Samens

- Bitten, dass gezeigt wird, was wir tun können und müssen, damit der Samen aufgehen kann

Vierte Runde: der Aspekt der alten Weisen

- Betrachten der Saat, die aufgegangen ist
- Danken für ihre Früchte, für die Fruchtbarkeit und für die wertvollen Erfahrungen, die wir machen konnten
- Wie sieht die Vollendung aus und was soll sie uns und der Welt bringen?
- Dank an die Lichtbringerin und an alle, die vor uns waren, mit uns sind und nach uns kommen

21.3. Ostara

Himmelsrichtung: Osten
Qualtität: Frühjahrstagundnachtgleiche
Zeichen: Fisch und Widder
Zeitabschnitt: Kindheit vom siebten bis zum 14. Lebensjahr
Morgenhütte: Eingang Richtung Osten, neues Erwachen, der neue Morgen
Weitere Anregung: Ostarahütte, Elementehütte, Familienhütte
Themen: Vitalität, Mut, Aufbruch, Erneuerung, Rückkehr der Zugvögel, inneres Kind, Lernen, Wachsen, Gedeihen, bunt, leicht, unbeschwert, freudig und fröhlich

Beschreibung

Ostara ist das Fest der Frühlingstagundnachtgleiche. Es wird der jungfräulichen Göttin Ostara und dem ungestümen, abenteuerlustigen Kind, das langsam zum Jugendlichen heranreift, gewidmet. In dieser Jahreszeit wechseln sich die Elemente ab, es wird warm und dann wieder kalt, man hält sich schon wieder gern draußen auf. Es wird begonnen, die Saat auszubringen. Die Menschen spüren den Frühling in sich.

Vorbereitung

Eier, Schokolade und Milch für die Naturkräfte werden auf einen Altar gelegt, Eier mit guten Wünschen an die Teilnehmer ausgeteilt.

Räucherwerk

Salbei, Wacholder und andere erfrischende, reinigende Düfte

Ablauf der Ostarahütte

Erste Runde: Elementesegen

- Naturwesen, Engel und die Göttin Ostara oder die große Göttin einladen

Zweite Runde: Heilung des inneren Kindes

- Arbeiten mit der Göttin Ostara

Dritte Runde:

- Erweckung der Lebensfreude und Lebenslust

Vierte Runde:

- Festlegen des ersten konkreten Schrittes, um die eigenen Herzenspläne umzusetzen
- Segen für die ersten selbstständigen Schritte erbitten
- Segnung der Natur, die uns führt, nährt und trägt

31.4. –1.5. Beltane

Himmelsrichtung: Osten – Süden
Qualität: Vollmond
Zeichen: Stier
Zeitabschnitt: junger Erwachsener, 14. bis 21. Lebensjahr, »Sturm- und Drangzeit«
Günstige Zeitpunkte: Mittag, Vollmond, Nacht
Themen: Lust, Leidenschaft, Sinnlichkeit, Sexualität, Nacktheit, Wandlung von der Jungfrau zur roten Frau bzw. vom Jungen zum Krieger, Erwachen der männlichen und der weiblichen Kraft, es können intime Fragen gestellt und Erfahrungen ausgetauscht werden, Mädchen werden in der Gemeinschaft der Frauen aufgenommen, Jungen in der Gemeinschaft der Männer

Beschreibung

Beltane oder die Walpurgisnacht wird in der Nacht auf den 1. Mai gefeiert. Es ist ein Fruchtbarkeitsfest, in dem die Liebe, die Vereinigung von Mann und Frau und die Fruchtbarkeit des Lebens zelebriert werden. Himmel und Erde, Gott und Göttin, Mann und Frau vereinen sich, um gemeinsam eine neue Schöpfung hervorzubringen. Es ist ein Fest der Liebe. Der Maibaum mit dem Kranz steht symbolisch für den Phallus, der in die Vulva eindringt. Es ist ein Fest von Vater Himmel und Mutter Erde.

In der Schwitzhütte werden diese beiden Aspekte vereint. Das Feuer symbolisiert Gott, die Steine den Samen, die Hütte symbolisiert die Göttin und die Gebärmutter.

Die Schwitzhütte symbolisiert die Vereinigung von Himmel und Erde, aus der neues Leben hervorgeht.

Vorbereitung

Am Gabenplatz werden Symbole für den Mann, Symbole für die Frau und Symbole für die Liebe ausgelegt wie beispielsweise rote Speisen und Früchte oder auch Äpfel. Ein besonderer Gegenstand, der einen in der nächsten Zeit begleiten soll, wird für die Zeremonie und in der Hütte gesegnet.

Räucherwerk

Rose, betörende sinnliche Räucherstoffe

Ablauf der Einweihungshütte

Einweihung in das Frausein/Einweihung in das Mannsein

Erste Runde:

- Mädchen, Junge, Kinder
- Element: Luft

Zweite Runde:

- Frau, Mann, Jugendliche
- Element: Feuer

Dritte Runde:

- Mutter, Vater, Erwachsene
- Element: Wasser

Vierte Runde:

- Schöpferin, Schöpfer, Gestalter
- Element: Erde

Fünfte Runde:

- Weise, Weiser, Wissende
- Element: Äther

Ablauf der Feuerhütte

Alle Steine werden auf einmal in die Hütte gebracht.

Erste Runde:

- Sexualkraft, Erdenfeuer, Schöpfungsfeuer
- Gebete und Gesang für das Feuer

Zweite Runde:

- Flamme, Herzensflamme, Liebe, Mitgefühl
- Gebete und Gesang aus der Kraft des Herzens

Dritte Runde:

- Licht, Geistfeuer,
- Gebete und Gesang für den großen Geist

Vierte Runde:

- Vereinigung der Flammen
- Mitschöpfer der Energie sein
- Wofür möchte ich meine Energie nutzen?
- Wie will ich die Energie in meinem Leben lenken und leiten?

Ablauf der Vollmondhütte

Erste Runde: Vollmond

- die Mondin einladen
- vier Steine für die vier Hauptzustände des Mondes in die Hütte bringen
- Austausch über den Mond
- Gebete für den Mond

Zweite Runde: abnehmender Mond

- Was möchte ich zurücklassen, loslassen?

Dritte Runde: Neumond

- Was will in mir neu entstehen?

Vierte Runde: zunehmender Mond

- Was nehme ich für mich und alle meine Verwandten aus der Hütte mit?

21.6. Litha

Himmelsrichtung: Süden
Qualität: Sommersonnenwende
Zeichen: Krebs
Zeitabschnitt: 21. bis 35. Lebensjahr
Günstiger Zeitpunkt: Sonnenhöchststand, früher Abend
Themen: heilige Hochzeit, Bereitschaft, Verantwortung zu übernehmen, zu halten, zu wiegen, zu tragen, zu nähren und »das eigene Herdfeuer« zu entzünden, Selbstver-

antwortung, erste Lösungsphase, Lebenskraft, höheres Selbst, dem Leben eine eigene Richtung geben, Entscheidungen treffen

Beschreibung

Am längsten Tag des Jahres ist die Sonne auf dem Höhepunkt ihrer Kraft. Ab diesem Zeitpunkt nimmt diese jeden Tag etwas ab. Die Natur ist nun zu vollem Leben erwacht. Auf den Feldern wächst und gedeiht das Getreide, die Früchte reifen heran, viele Heilkräuter stehen in Blüte und werden nun gesammelt. Das Leben in seiner vollen Blüte wird gefeiert. Mancherorts werden an diesem Tag Feuerräder ins Tal gerollt, als Symbol dafür, dass die Sonnenkraft wieder abnimmt. Die Ernte und die »Schnitterzeit« beginnen.

Wir können uns in dieser Zeit von Dingen lösen, die uns bedrücken. Negative Energien können neutralisiert werden. Es ist die Zeit, in der wir in Einklang mit unserem Selbst kommen können. Es geht um die eigene Anbindung an die Quelle und um die Bereitschaft, für sich und seine Pläne Verantwortung zu übernehmen.

Vorbereitung

Auf den Gabenplatz können Kräuter, Beeren, Früchte, Säfte, Brot und Blumen gelegt werden.

Räucherwerk

verschiedene Kräuter und Pflanzen, die zu den Runden passen

Ablauf der Hütte zur heiligen Hochzeit

Heilung des inneren Paares

Erste Runde:

- Einladen der sieben Himmelsrichtungen
- der innere Seelengarten

Zweite Runde:

- innere Frau bitten, zu erscheinen
- Betrachten
- Zwiesprache halten
- Segnen

Dritte Runde:

- inneren Mann bitten, zu erscheinen
- Betrachten
- Zwiesprache halten
- Segnen

Vierte Runde:

- inneres Paar
- Wie passt es zusammen? Braucht es Heilung oder Neuausrichtung, damit es tragfähig, liebesfähig und stabil ist?

Fünfte Runde:

- in sich gestärkt den Segen empfangen und weiter in die Welt senden

Ablauf der Naturgeisterhütte

Man kann das Aufgusswasser mit Pflanzen und Heilkräutern, wie Lavendel, Kamille, Johanniskraut und anderem anreichern oder die Steine mit entsprechenden Kräutern segnen.

Erste Runde:

- Dank an die Erdhüter, Naturwesen des Ortes und Elementegeister
- Lied für Mutter Erde und ihre Kinder

Zweite Runde:

- Dank an die Feen und Elfen
- Kräuteraufguss und Elfengruß

Dritte Runde:

- Dank an die Nixen, Nereiden, Undinen und andere Wassergeister
- Segen der Wassergeister

Vierte Runde:

- Dank an die Baumwesen, Devas, Naturgottheiten und Naturführer
- Segen der Naturführer für die kommende Zeit (Baumharze zum Segnen der Steine) empfangen

1.8. Lughnasadh

Himmelsrichtung: Süden – Westen
Qualität: abnehmender Mond
Zeichen: Löwe
Zeitabschnitt: 35. bis 50. Lebensjahr, die Familie
Familienhütte oder Medizinhütte am Nachmittag
Themen: Familie, Gemeinschaft, Bestimmung, Überprüfung, Entscheidung, Trennung, Weihung, Medizin der Seele, Erdung, Vertrauen, getragen und genährt zu werden, Erntezeit, Schnitterin, Kraft der Sonne, Reife, Probezeit, Kräftemessen, Kräuter und Kräuterweihe

Beschreibung

Lughnasadh ist das zweite Schnitterfest. Das Fest ist dem Sonnengott Lugh und der Erdgöttin gewidmet, die nun die Tore in die Unterwelt öffnet, um die neuen Seelen der Kinder, die geboren werden wollen, über Quellen, Brunnen und Höhlen zu tragen.

Die Sonne steht in dieser Zeit zwar noch hoch am Himmel und beschert uns heiße Tage, doch ihre Kraft nimmt auch schon wieder merklich ab. Die Feldfrüchte und das Korn werden geerntet. Die Pilzzeit beginnt. Die Kräuter haben die Sonnenkraft in sich aufgenommen. Bei diesem Fest wirft man alte Kräuterbunde ins Feuer. Neue Kräutersträuße werden gebunden. Diese Kräuter sind eine Medizin für das ganze Jahr und wirken auf der physischen, seelischen und geistigen Ebene. Sie werden zu Säften, Räucherwerk und Medizin verarbeitet, und ihre Kraft wird an diesem Tag gesegnet. Man bittet um diesen Segen und für eine möglichst regenfreie Ernte. Außerdem dankt man Mutter Erde für ihre Nahrung und ihre Quellen. Sie versorgt, nährt, trägt und bettet uns. Es ist üblich, an diesem Fest aus Gemüse und den Kräutern, die jeder mitbringt, eine Suppe für alle zu kochen.

Die Familie steht im Mittelpunkt dieses Fests. Es wird gefeiert, gespielt, gehandelt, sich ausgetauscht, und es werden Kräfte gemessen und Geschichten erzählt.

Vorbereitung

Es gibt Gemüsesuppe für alle und selbst gebackenes Brot. Kräuter und Kräuterbünde, die man vorher gesammelt hat, werden auf dem Gabenplatz ausgelegt. Ein Symbol für ein gelungenes Vorhaben, das in die Tat umgesetzt wurde, wird gesegnet. Es liegen Karten und Orakelspiele aus.

Räucherwerk

Salbei, Lavendel, Copal

Ablauf der Familienhütte

Erste Runde: Runde der Kinder

- Erwachsene singen für die Kinder
- Kinder danken für schöne Erlebnisse im Jahr und können erzählen, was ihnen gelungen ist

Zweite Runde: Runde der Frauen

- Männer singen
- Frauen danken für schöne und lehrreiche Erfahrungen im Jahr und können erzählen, was ihnen gelungen ist

Dritte Runde: Runde der Männer

- Frauen singen
- Männer danken für schöne und lehrreiche Erfahrungen im Jahr und können erzählen, was ihnen gelungen ist

Vierte Runde: Runde der Familie

- alle singen und beten für den Frieden in der Gemeinschaft und in der Welt

Fünfte Runde: Runde der Leiter einer Gemeinschaft

- tauschen sich aus
- wählen, korrigieren und passen ihre Richtung dem Kurs der Zeit an

Ablauf der Medizinhütte

Erste Runde: die vier Elemente

- Einladen der heilsamen Kräfte
- Salz herumgeben

Zweite Runde: Heilrunde

- Was braucht in der Seele Heilung?
- Was will abgestreift, durchtrennt und abgelegt werden, weil es zu eng geworden ist?

- Honig herumgeben und auf verwundeten Stellen auftragen

Dritte Runde:

- Wasser segnen und herumreichen
- Empfangen der geistigen Kraft

Vierte Runde:

- Bitten für neue Qualitäten, die man ins Leben bringen möchte, wie Frieden, Hoffnung, Kraft, Trost, Liebe, Mitgefühl, Verständnis, Vergebung

21.09. Mabon

Himmelsrichtung: Westen
Qualität: Abendhütte mit Eingang Richtung Westen, Dankeshütte
Zeichen: Waage
Zeitabschnitt: ab dem 50. Lebensjahr, Weisheit, Rat der Alten, Schnitterin
Themen: Erinnerungen, Reflexionen, danken, aussöhnen mit vergangenen Ereignissen, abschließen, beenden, neu ausbalancieren, vorbereiten auf die dunkle Jahreszeit, alles Überflüssige ablegen

Beschreibung

Die Feldfrüchte sind eingebracht, die Felder werden umgepflügt, das Laub hat begonnen, sich zu färben und von den Bäumen zu fallen. Tagsüber kann es noch warm sein, doch nachts spürt man schon kühle Luft. Herbststürme toben. Nebel steigt am Morgen über den Feldern auf.
Die Tore in die Unterwelt öffnen sich. Mabon ist das dritte Erntefest. Nun wird die Ernte gefeiert.

Vorbereitung

Früchte, Marmelade, Korn und Brot, Sonnenblumen, Körner und Säfte werden am Gabenplatz für die Naturkräfte bereitgestellt. Es wird für die Ernte gedankt, und die Ernte wird gesegnet. Gelungene Vorhaben, Erfolge, Siege, Lernergebnisse werden besprochen. Jeder legt für die Hütte symbolisch einen Stein mit seinem Dank auf den Feuerplatz.

Räucherwerk

Salbei, Lavendel, Fichte

Ablauf der Dankeshütte am Abend

Erste Runde:

- Dankgebet an die Elemente, besonders an die Erde und die Natur für ihre Gaben

Zweite Runde:

- Was habe ich dieses Jahr gesät und geerntet?
- Dank an die geistigen Verbündeten

Dritte Runde:

- Was ist durch mich in die Welt gelangt?
- Wo habe ich den Segen empfangen und gefühlt?
- Was war wirklich gut und hilfreich für mich und andere?
- Was habe ich in diesem Jahr geschafft?
- Dank an das Selbst

Vierte Runde:

- Dank an Menschen und Wesen, die mit uns sind und uns begleiten

Ablauf der Schnitterinnenhütte

Erste Runde:

- sieben Richtungen einladen und für diese beten

Zweite Runde: Runde der Schnitterin

- Was habe ich erfahren und gelernt in diesem Jahr (Reflexion)?
- Was möchte ich jetzt endgültig ablegen oder loslassen?
- Medizinrunde mit Salzpeeling, damit alles aus dem Energiekörper gehen und Heilung stattfinden kann
- zulassen, dass sich energetische Verbindungen, die nicht guttun, lösen

Dritte Runde:

- Was hilft mir jetzt, in die dunkle Zeit zu gehen?
- ein Geschenk von der Geistigen Welt für die dunkle Jahreszeit und für den Weg, der vor uns liegt, empfangen

Vierte Runde:

- Segen für alle, die vor uns kamen, mit uns sind und nach uns kommen werden
- Was nehme ich aus der Hütte mit in die dunkle Jahreszeit?

Wir danken der Erde, der mächtigen Mutter,
für Leben und Nahrung, die sie uns geschenkt.
Binde und löse, drehe dich im Kreis,
komme nun zu dir heim,
der Frieden soll mit dir sein.

Erfahrungsberichte

Für dieses Kapitel habe ich über unsere Mailingliste und im Forum von »Apu Kuntur« Menschen gebeten, mir ihre Erfahrungen zu Schwitzhütten zu berichten. Ich war wirklich überrascht, wie viele Erzählungen mir geschickt wurden.

Es ist für mich eine Freude, zu sehen, dass Menschen bereit sind, ihre Erfahrungen und Erlebnisse, die zum Teil sehr persönlich sind, mit den Lesern dieses Buchs zu teilen. Es sind mehr Berichte geworden, als ich erwartet hatte.

Ich denke, das ist eine sehr gute Möglichkeit, sich in das Thema, in den Ablauf, in die Stimmung und in die Wirkung einer Schwitzhütte hineinzufühlen. Die jüngste Teilnehmerin, die von ihren Erfahrungen erzählt, ist Amelie mit zweieinhalb Jahren, die älteste Teilnehmerin ist Rose mit 68 Jahren. So entstand eine Sammlung von Erzählungen aus drei Generationen.

Evelyn, 44, und Amelie, $2^{1/2}$, Allgäu

Die Schwitzhütte ist für mich ein Ort der Besinnung und der Reinigung. Hier finde ich leichter als sonst Zugang zu mir, zu meiner Seele, zu Gott, zur Verbundenheit mit allem, was ist, zu meiner Intuition, zu meinen Gefühlen, zu den *Spirits*, zu innerem

Frieden, zu Demut, zu Dankbarkeit und Liebe, zu echter Liebe, die an nichts Greifbares gebunden ist, die einfach da ist und inneren Frieden bringt.

Für mich ist es nicht wichtig, zu welcher Tradition das Schwitzritual gehört, solange dieses in gesammelter, andächtiger, ernsthafter, aber auch leichter und gelassener Haltung geleitet wird. Bisher machte ich hier noch keinerlei negative Erlebnisse, alle Schwitzhüttenleiter, bei denen ich eine Hütte besuchen durfte, waren richtig gut.

Die Gruppe gibt mir Energie, das direkte Gefühl, verbunden zu sein mit anderen Menschen, die Ähnliches suchen. Ohne viele Worte entsteht durch das gemeinsame Schwitzen eine sehr tiefe Verbundenheit, die weltliche Sympathien und Antipathien unwichtig macht.

Vor einer Schwitzhütte sind mir häufig einige Teilnehmer unsympathisch, oder ich verspüre Ablehnung und Widerstand in mir. Nach der Hütte ist dies alles weg, dann sind nur noch Menschen um mich, die ich schätzen und achten kann für das, was sie soeben gemeinsam mit mir durchlitten und vollzogen haben.

Die Lieder und Gebete geben mir Kraft und öffnen den Geist für eine andere Dimension. Sie bringen die Atmosphäre und auch unsere Körper zum Schwingen. In diesem Schwingen verbindet sich alles miteinander und schwingt gemeinsam, es gibt nichts Starres auf der Welt, alles ist immer in Schwingung. Was erstarrt, muss brechen.

Die Hütte, der enge dunkle Raum, im Schoß von Mutter Erde zu sein, macht mich klein und bringt mich zurück zu dem, was ich bin, ein ganz, ganz kleiner Teil von etwas ganz, ganz Großem. Ich empfinde es als Ehre, zu diesem Großen dazugehören zu dürfen. Das wieder entlastet mich in vielen schwierigen weltlichen Situationen, denn wenn ich nicht so bedeutend bin, kann ich nicht unersetzlich sein. Wenn ich Fehler mache, ist das gar nicht schlimm, denn ich bin ja ganz, ganz klein, aber trotzdem wichtig. Denn wenn ich und die anderen diese Schwitzhütte jetzt nicht machen würden, könnten wir alle diese Erfahrungen nicht machen. Und um Erfahrungen zu machen, sind wir ja hier auf dieser Erde.

Die Steine stehen als Symbol für unsere Ahnen, für alle, die vor uns waren und auch für alle, die nach uns kommen werden. Jeder Stein gibt alles an Energie, was er hat, für uns, für unsere Gebete und für unseren guten Willen. Im Lauf meiner Schwitzhüttenzeit entwickelte sich bei mir eine große Ehrfurcht den Steinen gegenüber. Sie sind ruhig und mächtig, tragen viel in sich und müssen es nicht zur Schau stellen. Ich habe oft das Gefühl, sie geben ihr Leben für unsere Schwitzhütte, und sie machen es gern. Sie leiten uns und helfen uns.

Vor meine ersten Schwitzhütte war ich wahnsinnig aufgeregt. Halte ich das durch? Es war auch etwas Angst mit im Spiel. Auch kam ich mir sehr wichtig und bedeutend vor. Schließlich machte ich etwas ganz Besonderes und fühlte mich viel besser als alle, die dies nicht machten.

Inzwischen ist mir der kleine dunkle Raum, die Enge, die körperliche Nähe, Gesänge, die ich nicht verstehen kann, das Nacktsein und vieles mehr, sehr vertraut und lieb geworden. Es hat für mich keine exotische Note mehr. Es gehört zu meinem Leben. Zwar ist es nicht alltäglich, aber trotzdem gehört es zu meinem Lebensalltag. Durch die Schwitzhütte habe ich gelernt zu beten. Die Schwitzhütte ist meine Kirche, die ich gern mit Menschen teile, die auch dort ihre Kirche haben – egal wie ihr Gott heißt, wie viele *Spirits* sie haben, welche Sprache sie sprechen, woher sie kommen und wer sie im weltlichen Leben sind.

Weil aus unserer Kultur solche Rituale kaum überliefert sind, ist es schön, dass wir uns durch andere Kulturen daran erinnern können, was wir verloren haben. Im Lauf der Zeit werden sich diese anfangs »fremden« Rituale bei uns festigen und sich uns und unserer Kultur anpassen, um zu unseren Ritualen zu werden.

Ich danke denen, die sie bis jetzt für uns bewahrt und lebendig gehalten haben und die sie uns jetzt zur Verfügung stellen. Und ich danke allen, die sich als Schwitzhüttenleiter oder Feuerhüter in den Dienst der teilnehmenden Menschen und des großen Ganzen stellen.

Schwitze dein Gebet ist der zusammenfassende Gedanke, der mir immer wieder beim Denken an eine Schwitzhütte kommt und der für mich sehr viel aussagt.

Schwitzhütte, 24. April 2008

Es ist ein sonniger Frühlingsnachmittag. Langsam treffen die Teilnehmer der Schwitzhütte ein. Am Eingang des Platzes wird jeder mit Rauch gereinigt und willkommen geheißen. Jeder sucht sich im Raum um das Feuer einen Platz auf der Wiese und macht es sich bequem. Ruhe kehrt ein. Ein paar kenne ich, viele sind mir fremd. Wir decken gemeinsam die Schwitzhütte mit den Decken ab, reden wenig und achten gut darauf, dass die Schichten gut schließen und die Hütte wirklich dicht und dunkel ist. Der Altar vor der Hütte wird mit Blumen geschmückt.

Die Feuerfrau beginnt, das Feuer aufzuschichten. Nachdem die untere Lage Holz liegt, nimmt jeder Teilnehmer einen Stein, geht mit ihm in Kontakt, segnet ihn und legt ihn auf das Holzlager. Wenn dort alle Steine liegen und nochmals Holz aufgeschichtet worden ist, entzündet die Feuerfrau das Feuer.

Alle sitzen jetzt entspannt und ruhig ums Feuer herum und basteln kleine Tabakbeutel, in die gedanklich alles hineingegeben werden kann, um was man in der Schwitzhütte bitten oder was man gern in der Schwitzhütte loslassen möchte. Besinnlich geht jeder immer mehr in sich und stimmt sich so auf die kommende Schwitzhütte ein.

Die Steine glühen, die Menschen ziehen sich langsam aus und hüllen sich in ihre Tücher. Am Eingang der Schwitzhütte wird jeder nochmals geräuchert und begibt sich mit einem Gruß, kriechend in die dunkle Hütte. Die ersten Steine kommen herein und erwärmen die Hütte. Mit Gebeten und Gesängen geben wir uns der Hitze der Steine hin und gehen gemeinsam mit steigender Hitze Runde um Runde weiter. Die Hitze bringt mich zum Schwitzen, macht mich mürbe, bringt mich an meine Grenzen, sodass ich mich frage: »Was mache ich hier? Was soll das, warum mache ich das bloß?« Ich bleibe drin, denn ich spüre, dass es gut ist, wie es ist.

Vierte Runde der Schwitzhütte: Alle sind bereits mürbe, verschwitzt und k.o. Und dann spricht wieder diese Frau, die ich nicht kenne, ich weiß nicht einmal, wie sie aussieht, denn es ist ja stockfinstere Nacht in der Hütte. Sie spricht und spricht – ewig lang –, wie schon in den vorherigen drei Runden. Immer wieder dasselbe, die Hüttenleiterin greift nicht ein, und die Frau hört nicht auf. Ich halte es kaum aus in dieser Hitze, mein Kreislauf droht, schlapp zu machen, und ich spüre, wie Aggressionen in mir entstehen und langsam hochkommen. Ich lege mich auf den Boden, denn dort ist es etwas kühler. Ich komme mit Kopf und Händen an die Abdeckung der Schwitzhütte und wage es (unerlaubterweise), meine Hände zur Kühlung nach draußen zu strecken – immer weiter und immer weiter. Sie redet immer noch, doch meine Aggressionen nehmen ab.

Ich schiebe schließlich den Kopf unter den Schwitzhüttendecken hindurch, traue mich aber kaum, denn das darf man doch nicht. Es ist Nacht, und so dringt kein Licht herein. Als ich mit dem Kopf draußen bin, erblicke ich einen endlosen klaren Sternenhimmel, der nur auf mich gewartet hat. Hoffentlich spricht diese Frau noch lange – mein Körper im warmen, geborgenen Schoß von Mutter Erde und ich verbunden mit der Unendlichkeit des Universums. Weg sind die Gedanken wie »das tut man nicht«. Ich spüre nur Glück, Frieden, Dankbarkeit und Liebe zur Schöpfung, zu allem, was ist.

Als die Frau zu beten geendet hat, danke ich ihr von ganzem Herzen für die Zeit und dieses einmalige Erlebnis. Ich krieche langsam und unbemerkt wieder ganz in die Schwitzhütte, fühle mich reich beschenkt und gereinigt, geerdet und gleichzeitig mit dem Himmel verbunden. So stelle ich mir Fliegen oder vielleicht auch Sterben vor.

Erste Kinderschwitzhütte, Sommercamp 2007

Sommercamp Bürserberg: Kinderschwitzhütte steht auf dem Programm, meine Tochter 1½ Jahre alt mit Downsyndrom, passt das zusammen?

Ich möchte ihr die Erfahrung, bei der Schwitzhütte dabei zu sein, ermöglichen, sie aber auf keinen Fall überfordern oder zu irgendetwas drängen. Unsicher und doch mit Überzeugung kommen wir auf den Schwitzhüttenplatz. Amelie ist ganz interessiert. Das Feuer, die Menschen, die großen und die kleinen, sie nimmt alles ganz interessiert auf.

Es ist Zeit, in die Schwitzhütte zu gehen. Wir stellen uns ans Ende der Reihe, damit wir direkt beim Ausgang sitzen und bei Bedarf hinausgehen können. Ganz ruhig lassen wir uns gemeinsam abräuchern und kriechen in die Schwitzhütte. Wir sitzen am Rand, die ersten Steine kommen herein. Amelie ist voll dabei. Ich habe das Gefühl, sie ist mit jeder ihrer Körperzellen dabei, beobachtet und nimmt wahr. Die Temperatur steigt an, die Steine werden gereinigt, der Dampf steigt in die Luft. Amelie nimmt alles ganz interessiert in sich auf.

Die Tür wird geschlossen, es ist ganz dunkel, und es wird langsam heiß in der Hütte. Nach kurzer Zeit beginnt Amelie zu weinen. Ich versuche, sie zu beruhigen, nehme sie noch näher zu mir, rede mit ihr, doch sie kann mit der plötzlichen Dunkelheit und den fremden Gegebenheiten nicht umgehen und weint. Nach kurzer Absprache mit der Schwitzhüttenleiterin öffnen wir die Tür, und Amelie und ich drehen uns im Uhrzeigersinn und gehen aus der Hütte. Sie beruhigt sich sehr schnell, wir bleiben noch einige Zeit an der Schwitzhütte sitzen, lauschen den Gesängen und sind einfach dabei.

Ich habe das Gefühl, dass Amelie stolz auf sich ist und sehr gern noch in der Nähe der Schwitzhütte ist. Da sie langsam kalt wird, begeben wir uns zum Duschen und Anziehen und sind gemeinsam um viele Erfahrungen reicher.

Zweite Kinderschwitzhütte, Sommercamp 2007

Wir sind wieder mit dabei. Amelie beobachtet wieder alles ganz interessiert, und wir begeben uns auf »unseren Platz«, ganz am Ende der Reihe, um am Ausgang sitzen zu können. Feuer, große und kleine Menschen, Räuchern, Schwitzhütte, das alles ist jetzt nicht mehr ganz neu, und Amelie kommt gern mit in die Hütte. Die Schwitzhüttenleiterin hält die erste Runde mit geöffneter Tür ab.

Die Steine kommen herein, das Wasser wird aufgegossen, der Dampf steigt hoch, die Hitze breitet sich aus. Amelie ist dabei und beobachtet. Wir singen Kinderlieder, beten und lachen. Vor der zweiten Runde verlassen wir die Schwitzhütte. Die Tür wird geschlossen, und wir bleiben wieder solange es geht an der Schwitzhütte sitzen und sind einfach dabei.

Sommercamp 2008

Feuer, große und kleine Menschen, eine ganz besondere Stimmung – Amelie beobachtet und nimmt auf, was um sie herum geschieht. Wir sind an der Reihe und werden vor dem Gang in die Schwitzhütte mit Rauch gereinigt. Wir haben wieder unseren Platz direkt neben dem Eingang. Amelie beobachtet die anderen Kinder und ihre Eltern ganz interessiert. Wir kriechen gemeinsam in die Schwitzhütte. Amelie sitzt auf meinem Schoß. Die ersten Steine kommen herein, Amelie ist begeistert vom Leuchten und Glühen der Steine, die Hütte wird langsam wärmer. Die Tür wird geschlossen. Amelie bleibt in einer ruhigen und doch gespannten Erwartung. Die Steine werden übergossen, die Schwitzhüttenleiterin spricht zu den Teilnehmenden. Die Kinder und die Eltern beten und singen. Amelie ist mit dabei. Was in ihr vorgeht, weiß ich nicht, aber ich habe das Gefühl, sie ist voll und ganz dabei. Es wird immer heißer. Ich zeige Amelie den kühlen Sand und führe ihre Hand in den Sand. Sie gräbt darin, reibt sich den kühlen Sand ins Gesicht und ist immer noch mit dabei.

Die erste Runde ist vorbei. Die Tür wird geöffnet, und Amelie und einige andere Kinder wollen hinaus. Nach der Pause gehen die anderen Kinder wieder in die Schwitzhütte zurück. Ich frage Amelie, biete ihr an, auch wieder mit hineinzugehen. Sie geht aber nicht selbstständig hinein, so bleiben wir draußen neben der Schwitzhütte sitzen. »Lieber die Sehnsucht schüren, als sie zu etwas drängen.« Die Tür zur zweite Runde wird geschlossen, und Amelie bleibt von sich aus an der Tür sitzen und lauscht den Geräuschen und Gesängen, die von innen herauskommen. Sie macht nicht den Eindruck, dass sie weggehen möchte, und spielt im Eingangsbereich der Schwitzhütte mit dem Sand und den Decken. Ich habe den Eindruck, dass Amelie noch immer mit dabei ist, obwohl wir draußen vor der Schwitzhütte sitzen.

Weil Amelie noch keinen Zugang zur verbalen Sprache hat und auch ihr Sprachverständnis noch sehr eingeschränkt ist, können wir uns nicht über das Erlebnis unterhalten. Doch ihr Gesichtsausdruck und ihr Verhalten zeigen mir, dass sie stolz darauf ist, dabei gewesen zu sein.

Barbara, 31, Vorarlberg

Von Neugier getrieben machte ich mich auf den Weg zu meiner ersten Schwitzhütte. Wegen der Hitze und des »Nacktseins«, welches ohnehin jedem freigestellt war, machte ich mir aufgrund meiner Saunaerfahrungen keine allzu großen Sorgen. Vielmehr war ich gespannt darauf, was spirituell in einer solchen Hütte passierte, und ich fragte mich nicht zuletzt auch, welche Menschen diese Art von Veranstaltungen besuchen würden. Zu meinem Erstaunen fand ich nicht, wie befürchtet, abgehobene »Esospinner« vor, sondern eine bunt gemischte Gruppe, die mir vernünftig, ja, sogar sympathisch, erschien. Als das Ritual begann, kroch ich guter Dinge in den Bauch von Mutter Erde. Das jedoch sollte sich bald ändern.

Die folgenden zwei Stunden in absoluter Dunkelheit, auf engstem Raum mit 20 fremden Menschen, die sich ihre Schmerzen aus der Seele brüllten, brachten mich an meine psychische Belastungsgrenze. Anstatt mich zu öffnen und meine Angst an die Steine abzugeben, nahm ich mich komplett zurück: »Alle verrückt! Das hat dir gerade noch gefehlt, mit lauter Wahnsinnigen nachts nackt im Wald herumzusitzen«, dachte ich mir und hoffte, dass alles bald ein Ende haben würde. Denn obwohl es mir offensichtlich Schwierigkeiten bereitete, wollte ich die Erfahrung zu Ende machen. Ich schwor mir, dass dies meine erste und letzte Schwitzhütte sein würde.

Weil aber Schwitzhütten eine nicht zu unterschätzende Nachwirkung haben, kam alles doch ganz anders. Denn in Wahrheit schien dieses Ritual genau das gewesen zu sein, was mir gefehlt hatte. In dieser ersten Schwitzhütte habe ich viel über mich gelernt, ebenso auch in den darauffolgenden, die ich in der Zwischenzeit bei den unterschiedlichsten Leitern genossen habe.

Ich denke, der Wahrheit ins Gesicht zu schauen und alte Verstrickungen und Muster zu lösen, ist nicht immer leicht und oft auch mit Schmerzen oder innerem Widerstand verbunden. Es kann einen zudem durchaus, wie in meinem Fall, an die persönlichen Grenzen bringen. Mittlerweile habe ich begriffen, dass der Weg ins Licht durch die Schatten führt. Ich glaube, wenn jemand wirklich auf der Suche nach sich selbst ist und bereit ist, Veränderungen zuzulassen, ist die Schwitzhütte eine einzigartige Erfahrung, der er sich stellen sollte.

Reiner, 59 und Beatrix, 55, Deutschland

Vor einigen Jahren fingen wir an, uns für die indianische Kultur, insbesondere für die Kultur der Plainsindianer, zu interessierten. Wir lasen viel über das Leben der Indianer, deren Rituale und ihre spirituellen Denkweisen. Durch Zufall lernten wir 2007 einen Crow-Indianer kennen, der ganz in unserer Nähe eine Heilzeremonie durchführte. Das war wirklich ein Erlebnis. Kurz danach fiel uns ein Flyer in die Hand, der besagte, dass dieser in Österreich ein Sommercamp veranstalten würde. Wir buchten kurz entschlossen.

Meine Frau und ich spekulierten natürlich darüber, was da wohl so alles vor sich gehen würde. Wir wussten ja auch, dass die Indianer reichlich »Gebrauch« von Schwitzhütten machten. Aber wie wäre eine solche wohl?

Wir stellten uns alles Mögliche vor: »Nein, wenn da alle nackt hineingehen, gehen wir nicht hinein, und wenn Männlein und Weiblein auch noch zusammen da nackt hineingehen ... Nein, nein, nein, das machen wir nicht mit.« Glühende Steine, die Hitze – das wollten wir uns nicht antun, zumal meine Frau auch große gesundheitliche Bedenken hatte.

Als wir im Camp ankamen, begrüßte uns der Indianer, der uns wiedererkannte, herzlich. Noch am selben Tag wurde eine Schwitzhütte gebaut. Es war eine friedvolle Arbeit, die wir mit viel Respekt angingen. Nachdem alles für die Schwitzhütte vorbereitet war, machten wir wahr, was wir vorher gesagt hatten. Uns verließ einfach der Mut, wussten wir doch nicht, was auf uns zukommen würde. Viele von den Campbesuchern, die in Sachen Schwitzhütte schon »alte Hasen« waren, sagten: »Kommt doch mit, es wird euch bestimmt guttun.« Aber wir hatten ja unsere Bedenken.

Abends fragte uns die Campleiterin, warum wir nicht mit in der Hütte gewesen waren. Wir berichteten ihr von unseren Bedenken. »Na gut«, sagte sie, »ich kann euch verstehen, aber bitte habt Vertrauen und kommt doch morgen zu mir in die Schwitzhütte. Ich verspreche euch, dass ihr beiden direkt neben mir sitzen könnt und zu jeder Zeit aus der Hütte hinausgehen dürft.« Nach kurzer Überlegung sagten wir schließlich zu.

Wie versprochen saßen wir am nächsten Tag neben der Campleiterin, die dann die Schwitzhütte leitete. Wir waren beide sehr gespannt, was auf uns zukommen würde. Es war auf einmal alles so natürlich, und es ging auch keiner nackt in die Schwitzhütte. Auch die gesundheitlichen Bedenken meiner Frau waren zerstreut, wir saßen schließlich sehr nahe am Ausgang.

Als es losging und uns Dunkelheit umhüllte und die glühenden Steine mit Wasser übergossen wurden, überkam uns eine sehr heilige Stimmung, es war alles so »wakan« (heilig). Die Schwitzhüttenleiterin sorgte für eine wunderbare Energie, die bei uns beiden tiefe Emotionen auslöste. Sie bewegte einfach unsere Seelen. Wir waren tief gerührt und vergossen viele Tränen, aber dadurch wurde auch Altes, was nicht oder noch nicht ganz verarbeitet war, gelöst. Als die Schwitzhütte beendet war, fühlten wir uns ganz leicht und waren um eine ganz große Erfahrung reicher.

So durften wir dann auch einen greifbaren Teil der indianischen Spiritualität in diesem Sommercamp erleben und leben. Seit jener Zeit sind wir beide »auf dem Weg« und nehmen möglichst jede Gelegenheit wahr, eine Schwitzhütte zu besuchen.

In diesem Sinne: Mitakuye Oyasin – ahou.

Dusanka, 32, Deutschland

Meine erste Schwitzhütte besuchte ich vor 14 Jahren, also im Alter von 18 Jahren. Damals waren meine Beweggründe, dass ich Menstruationsprobleme, allgemeine Unterleibsprobleme und emotionale Tiefpunkte hatte. Ich hatte vor meiner ersten Hütte sehr große Angst. Im Nachhinein glaube ich, dass es Angst vor der Heilung, also dem Loslassen, war.

Als die Hütte losging und ich in der ersten Runde formulieren sollte, was ich loslassen wollte, brach ich in Tränen aus. Aber ich hielt durch und war danach wie neugeboren – leer, erschöpft und zufrieden. Ich nahm nach diesem ersten Mal ca. einmal im Monat, acht Jahre lang regelmäßig an Schwitzhütten teil. Meine Menstruationsprobleme wurden damit behoben und so manches anderes Leiden auch. Ich konnte richtig miterleben, wie ich nach und nach Dinge losließ, die ich nicht mehr brauchte und die mich hinderten, an Erfahrungen zu wachsen.

Diese Hütten waren nach Lakota-Art. Wir verwendeten Gebetssäckchen und sagten vor jedem Eintritt in die Hütte »Mitakuye Oyasin« – für alle meine Verwandten. Die Schwitzhütte wurde in vier Runden unterteilt, und nachdem jeder gesprochen hatte, wurde Wasser auf die Steine gegossen. Die erste Runde war die »Loslassrunde«, die zweite ging um die eigene Heilung und um alles, was man dazu benötigte. Bei der dritten Runde bezog man alle Freunde und Verwandten ins Gebet mit ein. In der vierten Runde dankten wir dem Schöpfer.

Es gab bei meinen vielen Schwitzhütten auch welche, bei denen ich nicht durchhielt und hinaus musste. Damals durfte man nach der Runde nicht wieder hinein, sondern musste warten, bis die Hütte beendet war.

Ich erlebte viel Trost, Kraft und Liebe in diesen Hütten, sodass ich heute noch dankbar dafür bin, dass ich das erleben durfte.

Vor sechs Jahren besuchte ich eine Hütte des Bärenstamms in der Nähe vom Starnberger See. Dort waren die Rahmenbedingungen etwas anders (Medizinrad, Pfeife rauchen usw.), und das Ritual dauerte zwei Tage. Es war auch dort sehr schön, und ich hatte Begegnungen, die mich und andere bereicherten.

Das letzte Mal, dass ich an der alten mir bekannten Schwitzhütte teilgenommen hatte, war vor fünf Jahren. Danach war es für mich nicht mehr stimmig, dort weiter hinzugehen. Der Freundeskreis fiel auseinander. Trotzdem würde ich in Zukunft sehr gern wieder an einer Schwitzhütte teilnehmen, wenn es sich ergibt und es für mich stimmig ist.

Mein Fazit zum Thema Schwitzhhütte: Sie ist eines der mächtigsten Heilrituale, das ich kenne und je erlebt habe. Danke an all meine Verwandten!

Barbara, 38, Deutschland

Ich habe bisher fünf verschiedene Schwitzhüttentraditionen kennengelernt. Ich möchte hier von einer dynamischen Schwitzhütte erzählen, bei einer Schwitzhüttenleiterin aus der Tradition von Archie Fire Lame Deer. Die erste der drei Schwitzhütten war eine nächtliche »Frierhütte«. Das Feuer brachte einfach keine Hitze, und die Steine waren allenfalls warm. Eigentlich nicht so schlimm, denkst du? Es war Winter, Eis überzog den Bach am Platz, und der Boden war tief gefroren. Wir saßen leicht bekleidet für fünf Stunden auf einer Eisplatte in einer hüfthohen Weidenkonstruktion mit vier Lagen Wolldecken um uns herum. Ich habe noch nie so gefroren, jedoch wurde keiner der 16 Teilnehmer krank. Die Steine kamen in vier Blöcken in die Hütte. Das Thema der Hütte war »das eigene Ja, das eigene Nein«.

Wir gaben alle bis zum Ende der letzten von drei Schwitzhütten unsere Namen und die Wörter Ja und Nein ab. Bis zur nächsten Schwitzhütte sollten wir besonders passende, das Wesen der Person beschreibende Ersatznamen für alle finden. Außerdem waren die beiden Wörter Ja und Nein verboten. Daraus ergaben sich seltsame Dialoge wie: »Der, der am Ende des Tisches sitzt, reichst du mir die Butter?« – »Gern, die, der immer noch kalt ist ...« Bald hatte jeder eine ganze Sammlung an möglichen Namen. In der nächsten Schwitzhütte am Samstagabend sollten wir das Ja wieder zurückbekommen, aber nur, wenn wir zu Liebe, zu Schmerz, zu Sehnsucht, eben zum ganzen Leben Ja sagen könnten. Das konnte ich nicht. Ich konnte auch nicht zu meiner Seele Ja sagen – und legte mich ganz allein und todtraurig in den Schlafsack. Ich fühlte mich sehr schlecht – allein, nutzlos, wertlos, und ich war überzeugt davon, dass ich nichts schaffte.

Eigentlich wollte ich nicht in die letzte Hütte am Sonntagmorgen bei Sonnenaufgang, aber ich wurde ganz selbstverständlich von den anderen an der Hand genommen und in die Hütte gebracht. Es gab 16 Steine, für jeden Teilnehmer einen. Die Leiterin erzählte eine Geschichte, in der der Storch ein Kind ins falsche Haus gebracht hatte. In dieser Geschichte suchte jeder die Schuld beim anderen, und keiner erkannte, was er lernen sollte und wie wertvoll auch unangenehme Erfahrungen sein könnten. Ich erkannte: Ich verletze mich selbst, mache mich klein und stelle mich selbst in eine Ecke. Daraufhin konnte ich mir selbst verzeihen, ich wurde plötzlich ganz groß, konnte mich selbst und meine Seele annehmen und Ja sagen.

Maria, 44, Frankfurt

Furchtbar aufgeregt und gespannt darauf, was wohl über mich hereinbrechen würde, begab ich mich auf den Weg zur Schwitzhütte. Ich hatte eine ungefähre Vorstellung, was ich tragen wollte (ein bestimmtes Kleid aus Afrika), und viel Respekt vor dem, was passieren würde.

Allerdings fing dann doch alles ziemlich bodenständig an. Erst mal gingen wir zu einem Fluss Steine sammeln, Steine, die in der Schwitzhütte ihr Leben lassen würden. Ich hatte ein ziemlich schlechtes Gewissen den Steinen gegenüber und wollte nicht dafür verantwortlich sein, dass sie nachher nicht mehr so richtig existieren, sondern irgendwie zu leblosen Klumpen verkommen würden. Aber es half nichts. Die Schwitzhüttenleiterin bestand darauf, dass ich die vorgegebene Anzahl Steine für mich sammelte. Da gab es einfach keine Widerrede. Wir blieben so lange, bis auch ich alle Steine gefunden hatte.

Als dann endlich die Zeit gekommen war und das Feuer brannte, schritt ich wie ein Schaf zur Opferstätte. Ich kroch durch den kleinen Eingang der Hütte, und auf einmal war alles anders, irgendwie natürlich. Die Steine glühten, ein Gefühl machte sich breit, dass das, was sie dort in der Hütte leisteten, das Erstrebenswerteste sein musste, was ein Stein sich in seinem Leben wünschen konnte: Er nimmt Formen und Bilder an, gibt über Jahrhunderte gesammelte Kraft und Naturwesen ab und wird mit heiligen Essenzen und Kräutern gewürdigt, was ihn manches Mal sogar zu einem frechen Funkensprühen verleitet.

Die Erde war kalt, die Luft erwärmte sich nur langsam, die Anwesenden wurden von Runde zu Runde gelöster und vertrauter miteinander und mit Mutter Erde. Nicht zuletzt durch die sorgsame Art mit der wir thematisch durch die Hütte geführt wurden, konnten wir Dinge plötzlich anders sehen und loslassen.

Was kann noch eine wirklich wichtige Rolle spielen in dieser heißen Dunkelheit, außer die Konzentration auf

sich selbst? Die kühlende Freundlichkeit von Mutter Erde half mir, die erste Aufregung zu bewältigen, die Lieder, die gesungen wurden, das, was gesagt wurde, öffnete mein Herz für das Wesentliche. Jeder Teilnehmer brachte sich so weit ein, wie er es eben gerade für richtig hielt, manche brauchten noch Schutz, anderen floss die Seele schon über die Lippen. Die erschreckenden Schreie des Leids, die mich anfangs völlig schockierten, wurden nach und nach immer leichter zu ertragen. Ja, sie taten sogar gut. Es tat mir gut, schreien zu dürfen, deshalb wurde es auch leichter zu ertragen, wenn die anderen Teilnehmer ihrem Kummer Luft machten. Einige Schwitzhütten später spürte ich sogar Erleichterung, wenn der eine oder andere sich endlich lautstark äußerte. Irgendwie klärte das dann die atmosphärische Spannung in der Hütte.

Und wenn dann endlich die Tür aufgeht, frische Luft hereinweht und auf alles – im wahrsten Sinne des Wortes – ein anderes Licht fällt, spüre ich die Macht der Steine wieder. Was tun sie, um all den Schmerz zu lösen? Was veranlasst sie, so reinigend zu sein?

Maßgeblich für das Gelingen einer Hütte ist für mich allerdings auch die Haltung des Schwitzhüttenleiters. Nur mit Feingefühl gegenüber den Teilnehmern, einer intensiven verantwortungsvollen Vorbereitung und nicht zuletzt durch eine enge Zusammenarbeit mit der Anderswelt und ihren Vertretern kann eine Schwitzhütte gut und heilend werden.

Einmal erlebte ich auch eine weniger entspannte Hütte. Nicht nur war sie heillos überfüllt, ein Schrei wie aus einer anderen Welt drang aus einer Teilnehmerin, dessen Energie für mich sehr bedrohlich war. Irgendwie spürte ich, dass ich mich vor dieser Energie schützen musste. Fast als wäre sie besessen, kam das Brüllen aus der Teilnehmerin. Ich beugte mich mit dem Gesicht zur Erde und bat mehrfach laut um Schutz. Der wurde mir gewährt, und ich bin heute sehr froh darüber.

Insgesamt ist die Schwitzhütte für mich dennoch ein Ort, an dem ich mich komplett fallen lassen kann, geborgen bin, in der Mutter geheilt werden kann, weinen darf und, vor allem, vieles den Steinen überlassen darf. Sie verwandeln die Energie daraus und lassen mir gemeinsam mit dem Schwitzhüttenleiter, den Teilnehmern, dem Feuer, dem Wasser, der Luft und der Erde, das Geschenk der Heilung zuteilwerden.

Joshua, 13, Frankfurt

Kurz vor meiner ersten Schwitzhütte war ich sehr aufgeregt. Die anderen sagten, es sei gar nicht so schlimm, also ließ ich mich auf die Hütte ein. Ich zog meine Badehose an und ging ganz gespannt auf den Schwitzhüttenplatz. Dort brannte ein riesiges Feuer lichterloh. Wir mussten uns alle der Reihe nach darum herumstellen.

Als ich vor dem Eingang der Hütte stand, hatte ich echt Respekt davor. Nachdem ich abgeräuchert worden war, fühlte ich mich richtig frei. In der Schwitzhütte musste ich mich neben die bereits anwesenden Leute setzen. Als dann alle Teilnehmer endlich saßen, wurde die Tür zugemacht und es war stockdunkel. Ich habe gedacht: »Was wird jetzt wohl passieren?« Wir wurden erst ganz still und fingen dann an zu singen. Das hat mich immer freier gemacht. Als wir dann ein paar Lieder gesungen hatten, dachte ich: »Jetzt kann mir nichts mehr passieren.« Als wir fertig gesungen hatten, ging die Schwitzhüttentür wieder auf, und es wurden fünf weitere glühend heiße Steine in die Kuhle gelegt.

Dann begann die zweite Runde und der Schwitzhüttenleiter bat uns, unser Krafttier zu rufen. Nach einem weiteren Lied und einem lauten »Aho!« ging die Schwitzhüttentür wieder auf, und wir bekamen alle etwas zu trinken, was sehr guttat.

Dann ging die Tür wieder zu, und es wurde immer heißer und heißer. Deshalb legten sich schon einige auf den Boden. In der dritten Runde wurde es noch heißer, und ich konnte kaum noch atmen. Also hab ich mich auch hingelegt. Am Boden war es angenehm kühl, und so konnte ich alle vier Runden durchhalten. Nach der Schwitzhütte war mein Körper richtig heiß, und als ich wieder an der frischen Luft war, war das Gefühl sehr schön.

Hildegard, 48, Vorarlberg

Sich sammeln, langsam still werden, bedeckt mit dem Badetuch, bereit einzutreten in den Bauch von Mutter Erde, in die dunkle, warme Höhle, nackt, so wie im Mutterleib, Erinnerungen kommen hoch, Gefühle von Geborgenheit, Wärme und sich fallen lassen dürfen in unendliche Tiefen ...

Ich fühle die Verbundenheit mit den anderen Teilnehmern und dem Ritualführenden. Mit jedem neuen Aufguss erlebe ich, wie ich mich mehr auf das Thema der Schwitzhütte einlassen kann und sich mehrere meiner Gefühle, Blockaden und Verhärtungen, die mit diesem Thema zusammenhängen, lösen.

Manchmal wird die Hitze unerträglich, ich habe das Gefühl, als ob die letzte meiner Zellen einem intensiven

Reinigungsprozeß unterzogen würde. Meine ganze Konzentration gilt mir selbst, meinem Körper, meinem Geist ich spüre unendliche Anspannung – und dann die Öffnung der Tür, Abkühlung, Befreiung, neugeboren sein, Verbundenheit mit mir selbst und allem um mich herum.

Martin, 14, Vorarlberg

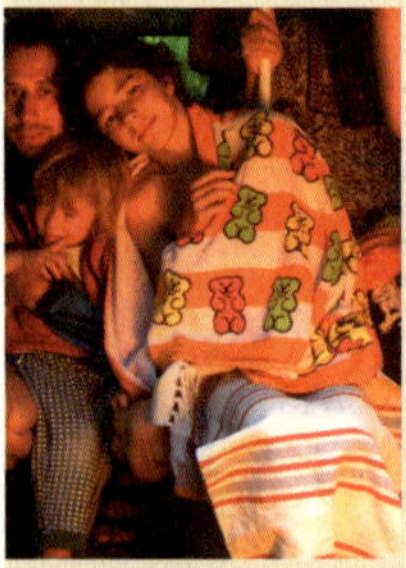

Schwitzhütten sind heiß und dunkel. Bei meiner ersten Schwitzhütte war ich ca. sieben Jahre alt. Seither erlebte ich viele verschiedene Schwitzhütten. Ich habe auch schon die Aufgaben des Feuerhüters übernommen, was mir sehr viel Spaß machte.

Bei meiner ersten Schwitzhütte, bei der ich den Feuerhüter machte, waren die Steine sehr groß und schwer. Trotzdem schaffte ich es, alle Steine in die Hütte zu tragen. Ich gehe gern in Schwitzhütten, ich mag die Hitze, die in der Hütte entsteht. Das gemeinsame Singen der Lieder in der dunklen Hütte gefällt mir auch sehr gut. Dadurch ist die Hitze viel leichter zu ertragen.

Wenn mir zu heiß wird, lege ich mich auf den kühlen Boden, das ist sehr fein. Nach einer Schwitzhütte fühle ich mich meistens sehr gut, erleichtert und frisch. Ich möchte gern irgendwann selbst Schwitzhütten leiten, weil mir dieses Ritual sehr gut gefällt.

Jerome, 6, Vorarlberg

Als ich das erste Mal in eine Schwitzhütte ging, war ich sehr neugierig, was da passieren würde. Als es dann ganz dunkel war, hatte ich erst ein bisschen Angst. Als wir anfingen zu singen, ging die Angst weg. Es wurde immer wärmer in der Hütte, die Leiterin erzählte uns, dass es dort wie im Bauch von Mama, bevor wir geboren wurden, war. Dann beteten wir zum lieben Gott und schwitzten ganz viel. Wir sangen viele Lieder und rasselten mit unseren selbst gebauten Rasseln. Später bekamen wir dann auch Wasser zum Trinken. Das war das beste Wasser, das ich je in meinem Leben getrunken habe.

Als ich nach der Schwitzhütte hinauskam, war mein ganzer Körper heiß, die frische Luft draußen war richtig fein auf meiner Haut. Ich würde gern wieder in eine Schwitzhütte gehen, wenn sie nicht zu heiß ist.

Rose, 68, Deutschland

Pfingsten 2008, es war morgens um 5.00 Uhr: Als ich an die Feuerstelle kam, waren schon fleißige Hände am Werk. Es funkelte und knisterte. Die Steine lagen im Feuer und glühten vor sich hin. Vor der Schwitzhütte war ein kleiner Altar, bei dem alle persönlichen Dinge, wie z. B. Tücher, Ringe usw. abgelegt werden konnten. Als die Steine richtig glühend waren, gingen wir – es waren Frauen, Männer und Kinder dabei – von links nach rechts in die Schwitzhütte hinein. Nun begann die eigentliche Schwitzhütte – im wahrsten Sinne des Wortes. Sabrina saß rechts vom Eingang und Georg brachte die ersten sieben Steine auf einer Heugabel herein. Sabrina legte sie in die Vertiefung und gab mit einem Gebet Kräuter darüber. Die Tür ging zu, es war ganz dunkel. Es entstand eine Ruhe und Geborgenheit wie im Mutterleib. So langsam fing ich an zu schwitzen. Das war richtig angenehm. Ich saß auf einem Tuch, spürte unter mir sandigen Boden. Die Filzdekken auf der Hütte ließen ein anderes Atmen zu als in der Sauna. Es war alles viel »luftiger«, nicht so eingeschlossen und stickig, obwohl es stockdunkel war. Nun konnte jeder ein Gebet in eigenen Worten, die ihn bewegten, zum Ausdruck bringen. In der Zwischenzeit wurde es mir immer heißer, und der Schweiß lief in Bächen an mir hinunter. Ich fühlte mich gestresst und fragte: »Halte ich es aus?« Zum Glück stand es einem offen, jederzeit hinauszugehen. Aber dann kam der Wille: »Bleib in deiner Kraft, atme ruhig ein und aus. Also gut, der erste Durchgang ist vorbei!«

Die Tür wurde aufgemacht, und ich kühlte mich an der Morgenluft ab. Es war unglaublich erfrischend und befreiend. Es folgten noch drei Durchgänge. Mit jedem Durchgang wurde man mehr gereinigt. Das Element Feuer kam mir nahe. Die Kraft, die Stärke, das Vertrauen, das Loslassen, das Verbrennen – all das machte herrlich frei. Dann sangen alle ihr eigenes Lied.

Der »heilige Geist« war da, spürbar, erlebbar, nicht wirklich beschreibbar, ein Pfingstmorgen, wie ich ihn noch nie gespürt und erlebt habe – der »heilige Geist« war da! Ein ganz herzlicher Dank an alle, die dieses Erleben möglich gemacht haben.

Gudrun, 55, Kempten

Nur mit einem Tuch bekleidet krieche ich in die dunkle Höhle. Gebeugt suche ich meinen Platz. Nach und nach folgen weitere Teilnehmer. Erwartungsvoll sitzen wir im Kreis. Die ersten glühenden Steine werden reingebracht. Der Feuerhüter tut seine Arbeit, von Asche gesäubert fallen sie in die Grube, erhalten ihren Segen. Ich schaue ins vielschichtige Rot der Urmaterie. Der Eingang wird verschlossen. Die Zeremonie beginnt.

Völlige Dunkelheit, ohne Raum, ohne Zeit – Wasser verdampft zischend auf den Steinen. Schlagartig nimmt die Wärme zu. Bald beginnt mein Körper zu schwitzen. Gebete, Reden, Gesänge, Schweigen wechseln sich ab. Ich bin eingehüllt in wohlige Wärme, feuchte Haut, Dunkelheit und die Nähe zu den anderen Menschen. Wieder zischt Wasser auf den Steinen. Die Hitze nimmt zu. Wer hinausgehen will, kann dies tun. Ich bleibe sitzen, beuge meinen Kopf zwischen die Knie – Schutzsuche vor zu viel Hitze im Gesicht. Gefühle durchfluten mich – vor allem die Geborgenheit in der Gemeinschaft. Ich genieße es.

Christian, 29, Wien

Im Sommer 2009 nahm ich am *Spirit Camp* der Autorin teil und hatte mich entschieden, währenddessen auf Visionssuche zu gehen. Ich wollte also zwei Tage allein im Wald, ohne Nahrung, Wasser und Zelt verbringen. Diese Visionssuche war eingerahmt von einer Männerschwitzhütte zu Beginn und von einer Heilungsschwitzhütte als Abschluss. Den perfekten Platz für die Visionssuche hatte ich bereits am Vortag gefunden, und zwar mit einer solchen Selbstsicherheit und Leichtigkeit, dass ich keinerlei Zweifel mehr hatte, dass der Wunsch, gerade jetzt und hier diese Visionssuche zu machen, genau richtig war und aus meinem tiefsten Inneren kam. Bis dahin war mir nicht ganz klar gewesen, ob das eine spontane Kopfgeburt oder eine seltsame Träumerei gewesen war. Erfüllt von dieser Gewissheit wünschte ich mir am nächsten Vormittag eine wahnsinnig heiße Männerschwitzhütte. Wenn ich schon an meine Grenzen gehen sollte, dann wollte ich bitteschön gleich dort hinkatapultiert werden und nicht erst langsam in die Richtung schleichen.

Als Marcel dann tatsächlich die Grube in der Hütte randvoll mit glühend heißen Steinen füllen ließ und sich bereits bei geöffneter Tür eine außergewöhnliche Hitze ausbreitete, kam ich kurz ins Grübeln, ob das nun wirklich eine gute Idee gewesen war. Immerhin wusste ich, dass ich zwei Tage nichts trinken würde, und nun floss das kostbare Wasser aus meinen Poren, noch bevor die Schwitzhütte so richtig begonnen hatte.

Den genauen Ablauf der Hütte kann ich gar nicht mehr wiedergeben, aber ich kann sagen, dass es die mit Abstand heißeste Schwitzhütte gewesen war, an der ich je teilgenommen hatte.

Immer wenn die Hitze unerträglich wurde, dachte ich zurück an meine ersten Erfahrung in einer Schwitzhütte: »Lasse den Widerstand fallen, nimm die Hitze auf, leite sie durch dich hindurch.« Und schon fühlte ich die enorme Hitze der glühenden Steine und des heißen Wassers nicht mehr als Schmerz auf der Haut, sondern als pure Energie im Inneren meines Körpers, die mich kräftigte, und mich wacher und präsenter werden ließ.

Am Ende der vierten Runde saß ich demütig nach vorn gebeugt, den Kopf fast am kühlen Erdboden, mein Rükken brannte, und der Schmerz war nicht mehr wegzudeuten. Und doch konnte ich ihn dankbar annehmen, denn ich wusste, dass die Hitze mein Verbündeter war und mir Kraft für die folgenden zwei Tage geben würde.

Nach der eiskalten Dusche, die ich diesmal ohne Zögern genoss, fühlte ich mich, als würde ich die Welt mit meiner Präsenz durchschneiden. Jeder Schritt hatte meine volle Aufmerksamkeit, als würde ich die Moleküle der Luft einzeln zur Seite drängen. Meine Sinne waren geschärft, ich sah jedes Detail, fühlte jeden Grashalm unter meinen Füßen und hörte sämtliche Stimmen in einer Art überwirklichen Wahrnehmung – oder einfach in ungeahnter Aufmerksamkeit.

Nach einer feierlichen Verabschiedung begleitete mein »Pate« Wolfgang, mich an meinen selbst gewählten, oder besser gesagt, selbst gefundenen Platz für die Visionssuche. Zu den folgenden zwei Tagen nur so viel: Während der zweiten Nacht konnte ich aufgrund der Trockenheit in meinem Körper nicht schlafen, ich war am nächsten Morgen völlig erschöpft. Ich hatte keine Kraft mehr, zu sitzen oder gar aufzustehen, zu meditieren oder schamanisch zu reisen kam erst recht nicht infrage. Auch Liegen war eine Qual und Schlafen immer noch unmöglich.

Kurz: Ich fühlte mich einfach nur schrecklich, und das Leiden wollte kein Ende nehmen. Irgendwann griff ich dann doch zur Trommel und begann, in zerknautschter Körperhaltung zu trommeln. Von einem Augenblick auf den anderen waren all der Schmerz, der Durst (Hunger hatte ich schon lange keinen mehr), die Trockenheit, die

Qual und das Leid nicht mehr vorhanden. Da bemerkte ich erst, was geschehen war und musste lachen. Ich hatte mich dem Sterben nahe gefühlt, und verantwortlich dafür war allein mein grübelnder Verstand gewesen, der immer dieselben Gedanken hin und her wälzte, jede Sinneswahrnehmung mit grausigsten Vorstellungen assoziierte und jede Minute noch schlimmer machte als die vorhergehende. Nichts davon war offensichtlich notwendig! Mit dem Trommelschlag kam mein Bewusstsein im Moment an, und ich fühlte die Kraft, die ich offensichtlich noch immer hatte und die noch stärker wurde, je mehr ich sie und den dazugehörigen Augenblick wahrnahm. Genau diesen Vorgang, endloses Leiden und schreckliche Verzweiflung beim fast ohnmächtigen Herumliegen und abrupter Wechsel beim ersten Trommelschlag zu Glückliches-Dasein-ohne-Leid, musste ich zweimal hintereinander erleben, um es tatsächlich zu begreifen. Erst beim dritten Mal griff ich freiwillig zur Trommel.

Als Wolfgang mich am Nachmittag abholte, war ich beinahe überrascht, dass die zwei Tage schon wieder fast vorbei waren. Sehr wackelig auf den Beinen, aber glücklich über meine Erfahrungen und die banale und doch für mich wichtige Erkenntis, wankte ich an seiner Seite zurück zum Camp, wo schon das Feuer vor der Schwitzhütte prasselte. Kurz danach kamen auch die anderen Visionssuchenden zurück, und wir durften einzeln eintreten.

Sabrina saß mit dem Rücken zum Eingang an der gegenüberliegenden Seite, die drei Ritualhelfer bedeuteten mir, ich sollte mich davor auf den Boden legen. Es wurde getrommelt und gesungen, und als Sabrina sich mir zuwandte fühlte ich ihre beruhigende Ausstrahlung bzw.

die Ausstrahlung des Wesens, dem sie für die Dauer des Rituals ihren Körper überlassen hatte. Wehrlos und geschwächt wie ich war, beschloss ich, jeglichen Widerstand und jede körperliche Anspannung aufzugeben und mich wie ein nasser Sack fallenzulassen. Ich wurde umarmt, mütterlich gestreichelt und liebkost, und ich konnte diese Zuwendung annehmen und fühlte mich unendlich geborgen. Dazwischen saugte bzw. riss dieses Wesen Dinge aus meinem Leib, die ich nur als Energiemuster bezeichnen kann, und spuckte sie in die Grube mit den heißen Steinen. Jedes Mal bäumte sich mein Körper dabei auf, stöhnte und schrie voller Qual, Entsetzen und gleichzeitiger Befreiung. Ich beobachtete seine Bewegungen und Äußerungen ohne den Willen oder die Kraft, mich zu wehren oder irgendetwas zum »Gelingen« beizutragen – zum Glück!

Als ich wieder nach draußen kroch, befüllte Wolfgang nun eine Tasse Wasser und goss das Wasser mit den Worten: »der erste Schluck ist für Mutter Erde«, vor meinen Augen ganz langsam, aber mit vollem Respekt auf den Boden. Ich persönlich glaube, dass es die Vorstellung der meisten Menschen übersteigt, was diese simple Geste mit jemandem anrichtet, der zwei Tage nichts getrunken hat und in zwei Schwitzhütten war. Ich kann es auch kaum in Worte fassen. Zuerst war da noch Gier (»hoffentlich schüttet er nicht zu viel aus«), dann kamen Sorge, Angst, Wut und Trauer hinzu, und etwa bei der Hälfte der Tasse verstand ich: »Diese Tasse ist nicht für mich.« Dann konnte ich es auch akzeptieren, mich wieder sammeln und genoss meine Tasse mit besonderer Aufmerksamkeit und Schluck für Schluck. Nach der zweiten Tasse Wasser bemerkte ich eine eklatante Veränderung: »Mir fehlte es an nichts.« Es gab schlichtweg kein Bedürfnis mehr, ich fühlte mich völlig rund und glücklich. Es war unbeschreiblich schön, ich war einfach nur, ganz selbstverständlich, ohne das Gefühl zu haben, mir noch etwas hinzufügen zu müssen.

Natürlich freute ich mich dann trotzdem über eine Dusche und verbrachte die nächsten Stunden fröhlich und gemütlich essend und plaudernd mit den anderen Visionssuchenden und Campteilnehmern.

Fabienne, 13, Vorarlberg

Bei Schwitzhütten habe ich jedes Mal ein anderes Gefühl. Manche sind sehr anstrengend und andere sehr angenehm und leicht. Ich war schon in vielen Schwitzhütten. Bei meiner ersten Schwitzhütte war ich sechs Jahre alt. Die schönen Lieder in der Schwitzhütte gefallen mir am besten.

Wenn es heiß ist, ist es total schön, Lieder zu singen. Ich finde, wenn man laut mitsingt und sich nicht zu fest auf die Hitze konzentriert, ist es weniger heiß. Das merke ich an mir selbst. Oft mag ich mich auch gar nicht auf die Hitze konzentrieren. Manchmal sind mir die vier Schwitzhüttenrunden fast zu viel, aber es macht mir nichts aus bis zum Schluss drinnen zu bleiben.

In einer Schwitzhütte, die schon länger her ist, gefiel es mir gar nicht. Es kam mir vor, als ob sie stundenlang dauern würde, dabei waren es wie immer nur ca. 20 Minuten pro Runde. Mir wurde schwindlig und ganz komisch. Erst wollte ich nicht hinausgehen, weil ich die anderen nicht stören wollte. Dann rief ich doch: »Öffnet die Tür«, und ich ging hinaus. Dann war es gut. Jede einzelne Schwitzhütte ist ein ganz anderes Erlebnis und tut gut.

Christa, 44, Nähe Stuttgart

Zu meiner ersten Schwitzhütte wurde ich von einem Mann mitgenommen, der stark sexuell orientiert war. Ich selbst, etwas prüde und verschämt, saß dort zwischen all den nackten Menschen und wusste nicht, wo ich da hingekommen war. Plötzlich fing jener besagte Mann an, heftig mit der Hand in seinem Genitalbereich zu wühlen. Meine Beklemmung nahm nun noch zu. Dann hielt er mir die geschlossen Faust hin und sagte: »Tu mal raus!« Ich war nicht in der Lage zu handeln, auch mein Nachbar, der ebenso irritiert schien, hielt erst nach einer erneuten Aufforderung die Hand hin, und der Mann setzte ihm einen Frosch auf die Hand und sagte: »Tu mal raus, der saß zwischen meinen Arschbacken!« Das war meine erste Lehre in einer Schwitzhütte: »Nicht alles ist, was es auf den ersten Blick scheint«.

Heute ist die Schwitzhüttenzeremonie ein wichtiger Teil meines Lebens. Sechs Wochen vor der Entbindung meiner Tochter saß ich in einer Schwitzhütte und fühlte mich pudelwohl. Neben mir saß mein Mann, der später Folgendes erzählte: »Ich dachte, ich sterbe, aber ich bin nicht hinaus, weil ich dachte, es kann doch nicht sein, dass ich zusammenklappe und meine hochschwangere Frau da sitzt, als ob nichts wäre.« Diese Blöße wollte er sich nicht geben.

Als meine Tochter eineinhalb Jahre alt war, war sie zum ersten Mal in einer Kinderschwitzhütte. Ich konnte sie nicht begleiten und wartete deshalb draußen, um sie in Empfang zu nehmen. Zu meinem Erstaunen hat sie eineinhalb Runden ausgehalten. Sie kam während der zweiten Runde unter den Decken hervorgekrochen, stellte sich munter vor die Hütte und streckte jauchzend ihre kleine Fäustchen in die Luft.

Marcel, 41, Vorarlberg

Weil ich schon sehr viele Schwitzhütten besucht habe, könnte ich viel darüber schreiben. Jede Schwitzhütte ist eine eigene Erfahrung, ein Heilungsritual, das guttut, reinigend wirkt, neue Inspirationen gibt oder einfach eine Möglichkeit bietet, etwas Neues zu erfahren.

Als ich selbst eine Männerschwitzhütte leitete und die Teilnehmer bat, in den Wald zu gehen, sich ihre Steine zu holen, kam jeder, inklusive mir, voller Stolz mit noch einem größeren Stein zurück. Als wir dann in die Schwitzhütte gingen und der Feuerhüter den ersten Stein brachte, füllte dieser das *Pit* schon zur Hälfte.

Da es eine Kriegerhütte war, ließ ich zur ersten Runde schon alle Steine in die Hütte bringen. Obwohl wir die Tür noch gar nicht zugemacht hatten und noch kein Wasser aufgegossen worden war, war es schon unerträglich heiß.

Als wir die vier Runden dieser Schwitzhütte überlebt hatten, kamen wir alle gemeinsam zu derselben Erkenntnis: »Wir Männer laden uns oft mehr auf, als wir überhaupt müssten.« Das war eine Erfahrung, die auch mein alltägliches Leben bereicherte.

Sandra, 25, Steiermark

Letzten Frühling durfte ich im *Trafo Seminarhaus* drei Tage miterleben, die ich in all ihrem Zauber und ihrer Schönheit nur schwer in Worten wiedergeben kann. Es war das Medizin-Wochenende mit Jeanne Ruland. Währenddessen war ich bei meiner ersten Schwitzhütte dabei.

Wir waren eine wunderbare Gruppe und hatten bereits am Vortag intensiv gemeinsam gelernt, geliebt, gelacht und geweint. Bei einer schamanischen Reise wurde mir bewusst, dass mein inneres Kind noch stark um seinen Vater trauerte, der gestorben war, als ich zehn Jahre alt gewesen war. Es steckten so viele ungeweinte Tränen in mir, die seit Jahren hinaus wollten, aber den Weg bisher nicht geschafft hatten. Das hat für viele Blockaden gesorgt.

In einem wunderschönen Ritual bereiteten wir gemeinsam den Schwitzhüttenplatz vor, deckten die Hütte, entfachten das Feuer und bastelten Tabaksäckchen mit unseren Wünschen. Die Schwitzhütte war für mich eines der beeindruckensten Erlebnisse bisher, und gern teile ich mit euch, was ich damals darüber aufgeschrieben habe:

»Nackt im kompletten Dunkel im Kreis mit all den wunderbaren Menschen auf dem Boden von meiner geliebten Mutter Erde sitzend, gemeinsam schwitzend, singend, weinend, lachend, im Versuch, mit all meinen Sinnen zu erfassen, was um mich herum und mit mir gerade Großartiges geschieht. Eine Hälfte der Gruppe beginnt zu singen und zu trommeln und ehe ich begreife, was mit mir passiert, spüre ich meinen Vater ganz nah bei mir, ich sehe ihn deutlich vor mir, und sofort beginne ich, ganz heftig zu weinen. Wir umarmen uns fest, und mein inneres Kind und ich dürfen endlich trauern. (...)

Ich rede viel mit meinem Vater, ich bedanke mich bei ihm für alles, sage ihm, wie schlimm sein Tod für mich war, aber dass es okay ist, denn das war unsere Abmachung, und dank ihm darf ich jetzt auf diesem großartigen Weg sein. Ich tröste mein inneres Kind und sage ihm, dass das Leiden vorbei ist, dass jetzt alles heilen und seinen Frieden finden darf. Wir liegen uns alle drei in den Armen, geben uns unendlich viel Liebe und ich weine, weine, weine. (...)

Langsam steige ich in den Gesang mit ein – und mir fällt auf, wie laut, wie schön, wie weiblich meine Stimme ist – plötzlich nehme ich ganz bewusst meine Stimme wahr, und das feiere ich!

Irgendwann hüpfen wir alle lachend zum Abkühlen hinaus in den Schnee, und dann geht es in die Schwitzhütte, in der nun jedem Element zu Ehren eine Runde zelebriert wird.

Es ist extrem heiß, ich habe mir vorher nicht vorstellen können, dass es wirklich so heiß werden kann. Es wird wieder gesungen und getrommelt, und es duftet herrlich nach Räucherwerk. Irgendwann schweigen wir gemeinsam, genießen die friedliche Energie, die uns umgibt, und sprechen später laut Wünsche in die Dunkelheit:

LIEBE, GLÜCK, ZUFRIEDENHEIT, VERBUNDENSEIN, EINSSEIN, HEILUNG, LACHEN, VERTRAUEN, FREUDE.

Die Stimmung ist wie verzaubert, und ich könnte fast zerspringen vor lauter Glück und Dankbarkeit für dieses Beisammensein. Das Element Wasser geht bei mir besonders tief. Jeanne lässt Wasser auf uns regnen, was wahnsinnig guttut, und ich fühle, wie Wasser mich durchströmt, ich spüre die immense Reinigung, ich kann so viel Altes loslassen und streife mir langsam ein neues, reines Seelenkleid über.

Die letzten zwei Runden werden mir schließlich etwas zu heftig und so lege ich meinen Kopf zwischen die Knie und singe weiter – so kann ich bis zum Ende gut mit dabei sein. Die Energien, die in der Hütte zu spüren sind, sind fast unbeschreiblich. Jeanne sagt uns, dass viele verschiedene Wesenheiten bei uns sind – Engel, aufgestiegene Meister, auch Seelen, die jetzt endlich zurück nach Hause können. Sie sieht ein helles Licht in der Hütte, auch manche von den anderen unserer Runde können es sehen und bestaunen. Als wir uns alle an den Händen fassen, stellt Jeanne glücklich fest, wie riesig unser Kreis ist – und das ist auch für mich ganz deutlich zu spüren, der Kreis ist wirklich riesig, so, als würde er die gesamte Erde umspannen. Ich nehme uns als lauter miteinander verbundene Lichter wahr, die die ganze Welt erleuchten: so viel Kraft, so viel Energie, so viel Liebe.

Als wir die Hütte beenden und ich mich bewusst langsam aufrichte, empfinde ich es so, als würde ich mich aus der Embryonalstellung erheben – in ein neues Leben. Ja, für mich ist es wie eine Wiedergeburt in absoluter Reinheit.

Nach drei Stunden klettern wir nacheinander aus der Hütte, und Jeanne umarmt jeden von uns lange. Auch das ist für mich ein ganz mächtiger Augenblick, für den ich mich aus tiefstem Herzen bedanke. Ich stehe nackt, verschwitzt, verweint, aber überglücklich vor der Hütte im Freien, und Jeanne wiegt mich in ihren Armen und lässt mich ihre unendliche Liebe spüren.

Danach spaziere ich langsam auf eine Wiese und lege mich noch auf den Erdboden – körperlich bin ich fix und fertig, aber ich fühle mich gleichzeitig so unendlich ehrfürchtig, glücklich, dankbar und befreit, erleichtert.

Ich spüre Mutter Erde, ich liege wohl eingebettet in ihren Händen. Von oben nehme ich ebenso schützende Energie wahr. Schließlich fühlt es sich so an, als würde ich wohlbehütet in einer Kugel aus den Energien der Erde und des Himmels liegen. Ich bleibe noch lange in dieser Position und genieße einfach nur demütig das Wunder des Lebens.«

Fabian, 15, Vorarlberg

Meine erste Schwitzhütte besuchte ich mit sieben Jahren gemeinsam mit meiner Mama. Seither habe ich schon an vielen Schwitzhütten teilgenommen. An einem Männertag bauten wir eine Schwitzhütte gemeinsam mit unserem Lakota-Freund Buckshoot. Er leitete auch die Schwitzhütte. Es war das erste Mal, dass ich mitgeholfen habe, eine Schwitzhütte zu bauen. Es war eine sehr heiße Schwitzhütte, doch ich blieb alle vier Runden drinnen.

Bei einer anderen Hütte, die von Ben Cloud angeleitet wurde, war ich das erste Mal in einer Männerschwitzhütte. Ich war damals elf Jahre alt und hatte mich für die »Männerweihe« angemeldet. Der erste Schritt für die Männerweihe war diese Männerschwitzhütte. Eine so heiße Schwitzhütte hatte ich noch nie erlebt. Ich habe alle vier Runden durchgehalten, und danach war Ben sehr stolz auf mich – ich hatte den ersten Schritt zum Mann gemacht. Ich selbst war auch sehr stolz darauf, dass ich die ganze Zeremonie durchgehalten habe. Die gesamte Männerweihe dauerte dann noch drei Jahre mit Visionssuche und vielen anderen Aufgaben. Ich gehe sehr gern in Schwitzhütten, danach fühle ich mich immer wohlig erschöpft und erleichtert.

Georg O., 44, Burgenland

Seit Jahren war ich in keiner Schwitzhütte mehr gewesen: keine Zeit – die übliche Entschuldigung, um sich vor Veränderung zu drücken.

Nun aber brennt das Feuer heiß, und wir sind in froher Erwartung, auch Befürchtung, dessen, was da kommen wird. Die Steine glühen, magisches Feuer, alles verändernde Kettenreaktion, Neugeburt und zuvor natürlich das Sterben in der Schwitzhütte. Ich erinnere mich zaghaft an meine letzte Erfahrung und weiß, dass es an der Zeit ist, eine neue zu machen.

Schnee fällt, schmilzt auf uns und unter unseren Füßen. Dann endlich finden wir uns im Dunkel der Hütte wieder. Die Steine werden gebracht. »Aho!« Glutrot leuchtet es aus der Grube, die erste Hitze macht sich breit. Ich versuche, nicht zu denken, nicht darüber nachzudenken, wie viele Steine noch draußen im Feuer glühen, wie groß sie sind, wie sehr sich der Feuerhüter abrackern muss, um sie unbeschadet bis zu uns ins Dunkel zu bringen. Dann umfängt mich Nacht. Der Ausgang ist geschlossen. Ich atme den Rauch der Kräuter tief in meine Lunge. Marcel reinigt die Steine – glühender Granit. Die erste milde Welle feuchter Hitze rollt über uns, nein, über mich, denn ich bin mit einem Mal ganz allein hier drinnen. So fühle ich mich, allein, trotz der anderen um mich herum.

Erste Gebete. Die Geister sind da, fegen alles von mir, was da nicht mehr sein soll. Marcel gießt das Wasser auf

die Steine, füttert sie, sie leben und atmen, so wie wir. Ich atme ruhig, bleibe so sitzen, wie ich es mir vorgenommen habe, und ein Schwall flüssigen Feuers umarmt mich sanft. Das Hier und Jetzt drängt alles nach draußen. Keine Zukunft mehr, nur der Moment und die Hitze, die mir die Vergangenheit aus den Poren und der Seele kocht. Ein Ton dringt nach draußen, und ich wundere mich, dass er von mir selbst stammt. Ich beobachte mich, staune über mich, wie leicht alles geht, wie stimmig meine Worte sind, die die ich ausspreche, und auch jene, die zu mir kommen.

Nach einiger Zeit flutet der letzte Rest Tageslicht durch den Eingang. Neue Steine finden den Weg in unsere Mitte. Ich bin ganz bei mir und glaube, gefasst zu sein, auf das, was kommt. Fast schon sehne ich die Hitze herbei, aber als sie mich endlich erreicht, bin ich atemlos. Niemals könnte ich mich auf das, was hier drinnen geschieht, vorbereiten. Es wäre auch ein Widerspruch in sich. Nichts hier drinnen ist Kulisse, bei keinem von uns. Gebete werden zu Tönen, die Töne zu Liedern. Jeder von uns ist ein Stein, ein glühender Stein, und jeder ist das Wasser. Alle sind alles, nichts kann sein ohne das Andere. Ich begegne mir selbst.

Dann öffnet sich der Ausgang in die Nacht, wir sind es, die leuchten. Ich atme schwer, aber nichts zieht mich hinaus in den Schnee, die Kühle. Ich weiß mich sicher hier. Kann mich ganz hingeben, mich führen, ja, mich sogar fallen lassen. Ich kann nur ankommen, nur gewinnen. Der gereichte Schluck Wasser ist ein Geschenk, süßes Wasser, lebendes Wasser, der erste Schluck für die Erde, auch der letzte. Ich bebe und hoffe, dass dieses Beben nie erstirbt. Es ist Kraft, Zuversicht.

Die letzte Runde fordert Ehrlichkeit ein, Ehrlichkeit zu mir selbst, auch zu meinem Körper. Kein Aufbegehren, kein Ankämpfen, kein letztes verdammtes »ich will – ich kann – ich werde«. Ich gebe nach, so wie die anderen auch. Jeder Schrei ist eine Kelle Wasser auf die Steine! Jeder Ruf eine Wolke aus Feuer, jeder Schlag auf den Boden eine neue Hitzeflut. Ich will viel und bekomme mehr, als ich glaube, ertragen zu können. Wie gut die Erde unter mir tut! Die Zeit gerät aus den Fugen und dehnt sich, bis sie aufhört zu sein. Ich fließe aus mir. Schließlich entlässt uns der Bauch der Mutter, nackt schwankend und neu in die Welt, die Nacht, den Schnee, die absolute Klarheit.

Ich kämpfe gegen den Schwindel, der mich in den Schnee schleudern will, stemme mich hoch, atme Eis. Dann stehen wir alle dampfend um die Feuerstelle. Dankbar. Lachend. Was für eine Freude! Was für ein Tag!

Anonym, Deutschland

Ich habe nur an einer einzigen Schwitzhütte teilgenommen. Ich war schon früher eingeladen worden, hatte aber immer abgelehnt, weil ich schwere Neurodermitis und eine Schweißallergie hatte. Schwitzen war die Hölle. Wenn ich es nicht vermeiden konnte, stark zu schwitzen, und wenn ich nicht die Möglichkeit hatte, sofort danach zu duschen, sah man das noch einen Monat später. Schließlich wurde ich während einer hochintensiven schamanischen Arbeit wieder mit dem Thema konfrontiert und nahm die Herausforderung an.

Die Schwitzhütte wurde von einem langjährigen Paar geleitet, das in diesen Dingen viel Erfahrung hatte. Beide achteten auf eine sorgfältige Vorbereitung aller Beteiligten. So weit ich es beurteilen kann, wurde das Ritual nach allen Regeln der Kunst vorbereitet und durchgeführt. Es wirkte stimmig und kraftvoll.

Dennoch gab es massive Probleme. Die Gruppe war angespannt und wurde bald feindselig. Mehrere Teilnehmer missachteten Regeln und schienen insgesamt mehr auf die anderen fokussiert zu sein als auf sich selbst.

Trotz aller Bemühungen der Leiter kam es zu offenem Streit. Ich weiß nicht, wie häufig so etwas vorkommt. Aber die Leiter meinten hinterher, das sei bisher ihre schlimmste Hütte gewesen. Dabei war sie wohl, wie ich von anderen gehört habe, weder besonders lang noch besonders heiß noch besonders voll. Was also war der Grund?

Das Leiterpaar trennte sich wenige Tage nach der Hütte auf sehr hässliche Weise. Die beiden hatten schon länger ernsthafte Beziehungsprobleme gehabt, die sie aber während des Schwitzhüttentreffens vor den Gästen sorgfältig verborgen hatten. Ich glaube, dass die verdeckten Spannungen, die sie mit in die Hütte gebracht hatten, zu den schlimmen Ergebnissen geführt hatten. Ich glaube außerdem, dass diese Spannungen sich nicht so schlimm ausgewirkt hätten, wenn die beiden nur Teilnehmer gewesen wären und nicht ausgerechnet die Leiter. Die einzigen anderen Teilnehmer, die ich ein wenig kannte – ebenfalls ein langjähriges Paar –, trennten sich kurze Zeit später ebenfalls auf sehr hässliche Weise.

Ich selbst schmiss mich mit voller Wucht in den magischen Prozess, hielt die ersten zwei Runden irgendwie durch, verließ dann dankbar die Hütte und begab mich auf dem schnellsten Weg zur Dusche. Die erhoffte Besserung meiner Symptome trat nicht ein. Drei Monate später allerdings bekam ich schulmedizinische Hilfe, die mich zwar nicht heilte (Neurodermitis ist nicht heilbar), aber meine Beschwerden so weit linderte, dass man mich für gesund hätte halten können. Das war das Beste, was mir seit Jahren passiert war, es kam überraschend und auf verzwickten Umwegen. Ich kann mir gut vorstellen, dass die Arbeit in der Hütte diese sehr überraschende Lösung herbeigeführt oder begünstigt hat. Von daher werte ich die Hütte als Erfolg. Ich würde es wieder tun. Trotzdem bin ich verdammt froh, dass meine Freundin nicht mit in dieser Hütte war.

Sabrina, 30, Tirol

Meine erste Schwitzhütte als Teilnehmerin

Es war ein besonderer Anlass: Das Schwitzhüttenritual wurde von einem Crow-Indianer geleitet. Mittlerweile ist Ben Cloud ein guter Freund von mir geworden.

Damals, als ich gemeinsam mit meinen Eltern und Freunden auf dem Schwitzhüttenplatz ankam, stand ich Ben das erste Mal gegenüber. Allein diese Begegnung berührte mich damals sehr. Ich spürte eine ganz spezielle Kraft in ihm. Nach einer Zeit des »Ankommens und Akklimatisierens« war es so weit. Wir wurden noch ganz genau informiert, wie wir uns zu verhalten hatten und was in der Schwitzhütte vor sich ging. Ich war leicht nervös. Als wir dann vor der Hütte mit Salbei abgeräuchert wurden und dann einer nach dem anderen hineingingen, erfüllte es mich mit Stolz, dass ich das miterleben durfte.

Es war eng. Mein Vater saß links von mir. Dies war auch ein ganz spezieller Moment für mich, ich saß schließlich nicht oft nackt so eng an meinen Vater gedrückt. Es wurde dunkel, und Ben begann, in seiner Muttersprache zu beten. Er goss gleich anfangs schon einige Kellen Wasser in das *Pit*, damit sich die Hütte rasch aufheizte. Es war schön, ihm zuzuhören und zu spüren, wie die Schweißperlchen sich auf der Haut ansammelten und sich zu einem großen Tropfen zusammentaten. Im Nu war ich tropfnass.

Die Dunkelheit war ungewohnt für mich. Ben bat uns, mit ihm zu singen. Er begleitete uns mit seiner Trommel. Seine Stimme und seine Trommel »ritten« voraus, und nach und nach stimmten auch andere Stimmen mit ein. Die Hütte füllte sich mit Tönen und Worten – Worten, die wir jedoch nicht verstanden. Wir sangen in einer fremden Sprache. Ich war so überwältigt, dass ich ein Teil von diesem Ganzen sein durfte und dass Ben seine Tradition mit uns teilte. Es wurde immer wärmer, wenn nicht sogar richtig heiß. Dass dieses Ritual, dieses Schwitzen mit einer Sauna absolut nichts zu tun hatte, wurde mir recht schnell bewusst.

Unsere erste Runde, so kam es mir vor, dauerte nicht allzu lange. Die Tür wurde geöffnet, und es kamen Licht und frische Luft zu uns herein. Ben bat uns, die Hütte nicht zu verlassen. Es wäre uns möglich, nach der zweiten Runde hinauszugehen, jedoch nicht vorher, weil wir sonst seine *Spirits* verscheuchen würden. Die nächste Runde begann, und es wurde von Mal zu Mal heißer. Ich dachte am Anfang daran, dass es wohl nicht heißer ging. Doch ich wusste zu diesem Zeitpunkt noch nicht, was Runde drei und vier zu bieten hatten. Ich hatte Zeit, in mich zu gehen, und ich konnte nach einiger Zeit loslassen. Ich spürte nicht mehr, wer um mich herum saß. Ich war da, im Bauch von Mutter Erde. Ich spürte sie unter mir. Die Hitze brachte mich so weit, dass ich glaubte, nicht mehr atmen zu können. Und somit fiel es mir schwer zu singen. Jedoch ging es immer besser, je lauter ich sang. Ich spürte, dass ich so zu meiner innersten Kraft gelangen konnte. Singen. Beten. Draußen war ein Gewitter zu hören. Die Donner zogen über uns, und es schüttete wie aus Kübeln. Ich spürte, wie sicher ich mich in dieser Gemeinschaft fühlte. Es konnte mir nichts passieren. Trotzdem kam mir hin und wieder der Gedanke, dass es so heiß war und dass ich wohl gleich verbrennen würde. Meine Haut am Rücken brannte, wie wenn das Feuer direkt darauf gehalten werden würde. Und von Aufguss zu Aufguss, Gebet und Bitte, von Lied zu Lied spürte ich, wie viel Kraft ich durch die beinahe unerträgliche Hitze bekam.

Ich wusste damals nicht, was mit mir geschah. Ich aalte mich in der Erde, die durch die Nässe mittlerweile zu Schlamm geworden war, nährte mich von der leichten Kühle, die sie mir schenkte. Ich lag mittlerweile in der Embryonalstellung da, kauerte mich ganz eng auf dem Boden zusammen. Ich hörte, wie andere mit der Hitze zu schaffen hatten. Stöhnen und laute Atemzüge waren zu hören. Ich hörte mein Herz klopfen, so laut und kraftvoll. Jeder Trommelschlag weckte es noch mehr zum

Leben. Auch wenn außen meine Haut brannte, die Kraft in meinem Inneren ließ mich keinen Schmerz mehr fühlen. Ich durfte alles dalassen, alles loslassen: Tränen, Töne, Schweiß. Ich wurde in diesem Moment neu geboren.

Als die vier Runden vorüber waren, und wir hinaus konnten, lag ich noch eine Zeit lang da. Ich war noch nicht bereit, hinauszugehen. Nach einigen Minuten krabbelte ich auf allen Vieren hinaus. Draußen sah ich, wie der Nebel am Boden entlangkroch und es noch nass von den Bäumen tropfte. Ich ging einen Hügel hinunter, ganz nackt, hinunter zum Fluss und sah, wie einige Sonnenstrahlen zwischen den Wolken und dem Nebel auf das Wasser schienen. Das kalte klare Wasser tat so unheimlich gut. Ich war in diesem Moment so glücklich – so zufrieden! Dieser Moment, dieses Gefühl sind heute noch unbeschreiblich.

Mittlerweile sind mehr als fünf Jahre vergangen. Dieses Erlebnis hatte sehr schnell Auswirkungen auf mein Leben. Mein Leben und natürlich auch ich änderten sich komplett. Ich bin nun mittlerweile zum zweiten Mal bei Ben in Montana gewesen und durfte dort bei den Sonnentänzen dabei sein. Seit zwei Jahren darf ich selbst Schwitzhütten leiten.

Meine erste Schwitzhütte als Leiterin

Es war für mich eine Ehre, dass ich meine erste Schwitzhütte leiten durfte. Es war Sommer und warm. Die Hütte war voll. Ich freute mich sehr, dass mir so viele Menschen ihr Vertrauen schenkten. Ich steckte noch voller unendlicher Energie, weil ich erst ein paar Wochen davor von meinem ersten Sonnentanz zurückgekehrt war. Ich hatte mich vorbereitet, versucht, die Worte festzulegen, vielleicht sogar ein passendes Thema für die Schwitzhütte zu finden. Doch es war zwecklos. Wer eine Schwitzhütte leitet, ist nur Werkzeug. Je nachdem, wer in die Hütte kommt und was die Teilnehmer mitbringen, bestimmt sich das Thema selbst. Es war unglaublich zu spüren, dass meine Helfer und *Spirits* mich führten. Ich konnte durch dieses schöne Ritual die Menschen erreichen, sie ganz tief in ihren Herzen berühren, helfen, loszulassen und sich selbst zu spüren. Für mich war es faszinierend zu erkennen, dass ich während der Runden reden, beten und singen konnte, und alle Menschen im Kreis bewegten sich mit. Sie konnten sich mit dem auseinandersetzen, was ich ihnen mitteilte.

Während ich hier versuche, mein Erlebnis zu Papier zu bringen, merke ich, wie schwer es ist, davon zu berichten. Es ist etwas ganz anderes, von »außen« zu spüren und geschehen zu lassen, als ein solches Ritual zu leiten. Es geschieht einfach. Ich wurde geführt. Natürlich sprach ich mit den Leuten, die in meinem Kreis saßen, und fragte sie, ob es ihnen gut geht. Denn es ist wichtig, dass sich alle wohlfühlen.

Am Ende der vier Runden war mir aber nicht ganz klar, was ich alles gesagt hatte, wie alles zusammengespielt hatte. Jedoch wusste ich, dass es gut gewesen war, denn die Menschen bedankten sich bei mir – einer nach dem anderen.

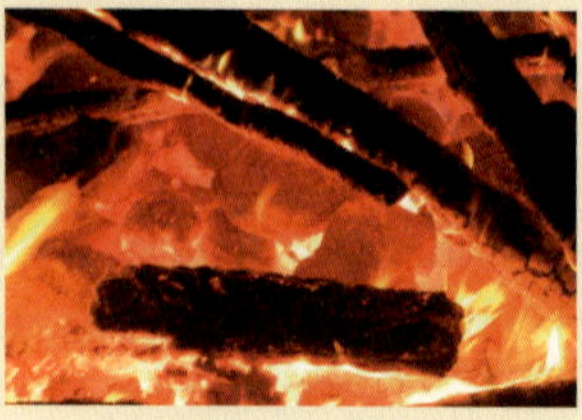

Schwitzhüttenzyklus, Nicki, 32, Schweiz

Dies ist nicht nur ein Erlebnisbericht, es ist auch eine Erzählung, eine Geschichte, die sich nach meiner Wahrnehmung genau so zugetragen hat. In ihr fließen Grenzen ineinander. Eindrücke, Visionen und tatsächliches Erleben verbinden sich, begleitet von teilweise heftigen Emotionen. Realität und »Traumzeit« verweben sich untrennbar ineinander, folgen keinen klaren Strukturen und scheinen völlig frei von festgesetzten Regeln. Es ist ein Wandeln zwischen den Welten, im Zwielicht von Schein und Sein, ohne erkennbare Orientierung, ohne jegliche Sicherheit, auf der Suche nach Balance.

Erster Tag

Ich bin nur mit einem T-Shirt und Unterwäsche bekleidet, fühle mich dabei wie ein kleines nervöses Kind, dem die Einschulung bevorsteht, und das weder etwas Vernünftiges zum Anziehen hat noch weiß, ob es sich freuen oder fürchten soll. In diesem Aufzug und mit einem Badetuch in der Hand mache ich mich mit den anderen Teilnehmern auf den Weg zur Hütte. Wir werden von Mato, unserem Medizinmann und Schwitzhüttenleiter, empfangen. Mato ist zur Hälfte Lakota, zur anderen Hälfte Österreicher. Im Alltag sieht man ihm die indianische Abstammung nicht an, er kleidet sich wie jeder anderer Europäer und trägt meistens eine Baseballkappe. Er hat bei Archie Fire Lame Deer gelernt.

Zunächst werden wir, einer nach dem anderen, von ihm mit Salbeirauch gereinigt, bevor wir die Hütte betreten dürfen. Auf den Knien kriechen wir der Reihe nach in die runde Hütte. Sie ist gerade mal so hoch, dass man bequem darin knien kann. Im Eingang verbeugt man sich und begrüßt die Hütte mit »Mitakuye Ohyasin«, was so viel bedeutet wie »alle meine Verwandten« oder »ich bin mit allem verwandt«. Das soll verdeutlichen, dass es im Weltbild der Indianer keine Trennung zwischen dem Menschen und seiner Umwelt gibt, dass alles lebendig ist, alles eine Einheit bildet. Die zuvor geknüpften *Tobacco-Ties* werden an den Weidenruten der Decke über dem Kopf des jeweiligen Teilnehmers aufgehängt. Sobald die glühenden Steine in der Grube sind, wird die aus zwei Decken bestehende Türklappe heruntergezogen und der Eingang verschlossen. Es ist dunkel, kein Lichtstrahl dringt herein, nur die glühenden Steine sind zu sehen. Dann beginnt der Medizinmann, die Geister und Ahnen hereinzubitten, und schöpft mit einer Suppenkelle das Wasser aus dem Eimer auf die heißen Steine. Viele Teilnehmer wechseln die Sitzposition, setzen sich auf die Fersen und beugen den Oberkörper nach vorn, der Kopf geht zu Boden. Das ist die sogenannte Gebetshaltung. So schützt man sich und vor allem seinen Kopf vor dem heißen Dampf.

Durch die hohe Luftfeuchtigkeit und die ansteigende Hitze, fällt das Atmen immer schwerer, der Schweiß rinnt unaufhörlich aus allen Poren. Der heiße Dampf legt sich auf unsere Körper nieder und durchnässt zusammen mit dem salzigen Schweiß die T-Shirts in Windeseile. Nach dem »Geisterhereinbitten« trommelt der Medizinmann und singt indianische Lieder. Ich schwimme und schwebe, wiege mich hin und her, fühle, wie sich der Schweiß in Rinnsalen immer weiter den Körper hinunterschlängelt, bevor er zu Boden tropft. Dann wird für einige Minuten die Türklappe geöffnet und dadurch das Ende der ersten

Runde angezeigt. Wie lange eine Runde dauert oder zu welchem Zeitpunkt wie viele Steine hereingebracht werden, entscheidet allein der Schwitzhüttenleiter.

An Durchatmen ist nicht zu denken. Der Dampf findet den Ausgang nur langsam, draußen ist es schon dunkel, nur ein flüchtiges laues Lüftchen dringt in die Hütte und ist genauso schnell wieder weg, wie es gekommen ist.

Zweite Runde: Die Tür wird geschlossen, wieder wird Wasser auf die Steine gegossen, das sofort zischend verdampft, der Medizinmann erzählt, wie nach der indianischen Legende die Menschen entstanden sind, und knüpft das Schwitzhüttenwochenthema »der innere Meister« daran an. Heute geht es ums Loslassen und ums Annehmen, Loslassen von alten Denkmustern, von blockierenden Verhaltensweisen, von überholten Lebensgewohnheiten, von dem ganzen »Müll« im Hirn, wie Mato es nennt. Und es geht um das Annehmen von sich selbst, von den eigenen erbrachten Handlungen, seien sie positiv oder negativ. Wir sollen uns unserer Schattenseiten bewusst werden, uns eingestehen, dass wir alle keine Heiligen sind, dass wir gelogen, betrogen, Menschen unfair behandelt, gedemütigt und verletzt haben. Nur indem wir annehmen, was wir getan haben, können wir erkennen, wer und was wir sind – unsere Schatten umarmen, um uns selbst umarmen zu können. Dabei sprechen wir den Leitsatz laut aus: »Ich bin das ›Ich bin‹.« Wir sollen den inneren Meister in uns anerkennen und annehmen, damit wir uns und unser Denken nicht länger von äußeren Einflüssen bestimmen lassen, sondern in die Selbstbestimmung kommen können. Jeder murmelt seine Eingeständnisse vor sich hin, in den heißen Dampf hinein, zwischen die salzigen Schweißperlen, die stetig zu Boden tropfen. Einige legen sich ihre Badetücher über Kopf und Körper.

Ich ringe nach Luft, der Dampf ist glühend heiß, er dringt überallhin, in jede kleine Ritze, in jede Pore und in jede noch so winzige Zelle meines Körpers. Den Kopf unter dem Tuch zu verbergen, hilft nicht. Verzweifelt presse ich das Gesicht platt auf den Boden, zwischen die feuchten und etwas kühleren Grashalme. Da lässt es sich besser atmen, das Gras riecht erdig und frisch. Leider nur für ein paar Sekunden, bis der Dampf sich auch dort niederlässt. Es gibt kein Entrinnen, keine Flucht.

Die Hitze schlägt mit der vollen Härte, mit grausamer Erbarmungslosigkeit zu. Meine Hände ballen sich zu Fäusten und krallen sich hilflos in das heiße Gras, ich habe das Gefühl, nicht mehr atmen zu können. Meine Lunge brennt, der ganzer Körper glüht, ich schmore unaufhörlich im eigenen Saft, wie ein Stück Fleisch am Spieß – dampfend, brutzelnd, kochend. Ich will raus! Jetzt! Sofort! Wie halten das die anderen aus? Wie schaffen sie das? Aber diese kämpfen genauso, liegen flach auf dem Boden, drücken ihre Körper und Gesichter ins Gras, oder auf die Badetücher. Einige stöhnen, husten und ringen pfeifend nach Luft, während andere wimmern und schluchzen, ja, sogar weinen. Warum tue ich mir das an? Was soll dieser Mist!? Zwei Frauen bitten schluchzend darum, hinausgelassen zu werden. Der Medizinmann öffnet die Tür, entlässt die beiden in die Freiheit. Ich will auch! Will rufen, schreien. Aber kein Wort kommt über meine Lippen, es scheint, als hätte man mir die Stimme entrissen. Der Körper klebt am Boden, als wäre er angewachsen. Unbeweglich und stumm wie ein Klumpen Beton liege ich mit halboffenem Mund im Gras und lasse mich von der glühenden Hitze einhüllen, gebe den Widerstand gezwungenermaßen auf, lasse den Geistern ihren Willen und fühle mich ausgeliefert.

Dritte Runde. Die Tür wird geöffnet, der Medizinmann verlangt nach neuen Steinen, die der Feuermann hereinreicht. Jemand bittet um Wasser, Mato lässt zwei gefüllte Flaschen, die vor der Hütte stehen, im Kreis herumreichen. Ich gebe sie weiter, mag und will jetzt nichts trinken, will nur liegen bleiben, mich nicht bewegen müssen. Nachdem der Feuermann sich an seinen Platz gesetzt hat, wird die Tür geschlossen. Mato gibt uns weitere Anweisungen: Wir sollen uns so annehmen, wie wir sind, erkennen, wer wir sind, im Sinne von: »Ich bin das ›Ich bin‹.« Diesen Satz murmelt jeder leise oder laut vor sich hin. Immer und immer wieder, bis er in den Tiefen der Seele ankommt, um dort genau das auszulösen, wofür wir hierher gekommen sind. Die Steine werden mit Wasser begossen, der heiße Dampf brennt auf dem ganzen Körper. Wir jappen und stöhnen, pressen die Gesichter und Köper zum wiederholten Mal flach auf den Boden. In Rinnsalen läuft der Schweiß über die Haut, T-Shirt und Badetuch sind klatschnass.

Vergeblich suche ich nach frischer Luft, schnaufe, keuche, aber meine Atmung stockt, bleibt mir im Halse stecken. Wenn das so weitergeht, sterbe ich hier drin. Mit einem Mal erinnere mich an das »Geschenk«, das ich heute Nachmittag beim Spaziergang gefunden habe: eine Feder meines Totems. Natürlich! Ich habe sie vor Beginn der Zeremonie zwischen die Weidenruten und die Hüttenwand gesteckt. Ich taste nach ihr, um zu sehen, ob sie noch da ist. Dann hebe ich kurz den Kopf, halte Zwiesprache mit den Geistern und bitte um Beistand. Es dauert nicht lange, da kommt es mir vor, als hüpfe tatsächlich ein Vogel in die Hütte und fächere mir mit den Flügeln Luft zu. Eine Illusion? Trotzdem atme ich tief ein, sauge frische, kühle Luft in meine Lunge. Anstatt mir weiterhin darüber Gedanken zu machen und an der Realität dieses Ereignises zu zweifeln, murmle ich meine Gebete weiterhin zitternd in die Erde. Die Türklappe geht auf, und ich überstehe auch die dritte Runde. Es ertönen Rufe nach Wasser. Der Medizinmann ist gnädig und gewährt es uns. Aber auch dieses Mal gebe ich die Flaschen ohne zu trinken weiter. Die Luft ist mir momentan wichtiger als Wasser.

Beginn der vierten Runde: Wieder werden glühendrote Steine hereingebracht und bald darauf breitet sich der mörderische, drückende Dampf aus. Wir sollen uns nun in der Denkfreiheit üben, versuchen, das Hirn auszuschalten. Nicht denken! Sein! Mato trommelt. Wie soll ich denken können? Es ist viel zu heiß hier drin. Ich versuche zu fühlen, zu sein, fühle Feuer, überall um mich herum, wie es tanzt und lodert, Funken wirft. Ich gebe mich ihm hin, spüre dabei, wie es mich aufnimmt, mich mit heißen Armen umfängt, in sich hineinzieht. Ich lasse mich treiben, schwinge hin und her, schaukele auf und ab, tanze immer schneller, höher und höher. Lasse das Feuer unter mir. Fliege durch die Hüttenkuppel, hinauf in den Himmel, tauche tief in die weißen Wolken hinein, gleite und schwimme, schnell wie ein wendiger Fisch in einem weißen Meer aus weicher luftiger Zuckerwatte. So muss sich Freiheit anfühlen. Plötzlich sehe ich mich in einem Iglu liegen, irgendwo mitten in der Antarktis. Es gibt nichts als Schnee und Eis. Ich fühle die eisige Kälte, die Kälte des Schnees an meinem Körper. Ich denke nicht, spüre nur den Schnee, wie er langsam unter meiner heißen Haut schmilzt, betrachte die aus Schneeblöcken bestehenden weißen Wände. Ich bohre meine Finger tief in den Boden, hinein in den herrlichen eiskalten weißen Schnee. Links und rechts neben mir hustet und keucht es, jemand weint schluchzend vor sich hin. Das holt mich aus der Gedankenlosigkeit zurück in die unerträgliche Wirklichkeit und macht mich wieder empfindsam für die Hitze. Diese erschlägt mich beinahe. Pfeifend ringe ich nach Luft. Es kommt mir vor wie ein Alptraum, wie ein grausames Déjàvu, dessen Ausgang vorbestimmt ist, wie ein Horrorfilm ohne Happy End. Ich glühe, ich brenne. Stöhnend sauge ich die Luft ein, die ich irgendwo zwischen den Grashalmen finden kann. Dann endlich wird die Türklappe geöffnet, die Quälerei ist vorbei – für heute. Und ich lebe noch.

Zweiter Tag

Am späteren Nachmittag, nach einem Spaziergang zum Fluss, an dem wir uns vorstellen mussten, mit dem Wasser zu fließen und uns mit ihm zu verbinden, wird die Hütte bereit gemacht. Der Inipi-Beginn wird auf zwei Stunden nach dem Anzünden des Feuers festgesetzt. Ich komme etwas spät, die meisten Teilnehmer sind schon in der Hütte. Mato räuchert mich ab, auf den Knien krieche ich durch den Eingang, verbeuge mich beim Eintreten und vergesse diesmal die Begrüßung nicht. Die erste Runde läuft ähnlich ab wie am Tag zuvor. Die Geister werden mit Trommelschlagen und Gesang hereingebeten. Danach öffnet Mato die Türklappe. Draußen scheint noch immer die Sonne.

Zweite Runde: Das Thema, sich mit dem Fluss verbinden, gilt auch in der Hütte. »Werdet zu Wasser, lasst es fließen. Seid im stetigen Fluss des Lebens, so kann der innere Meister geboren werden. Nicht denken. Sein!«, fordert Mato uns auf. Nicht zu denken, fällt unheimlich schwer, wenn der heiße Dampf den Körper einhüllt und an unzähligen Stellen ein schmerzhaftes Brennen entfacht. Das Badetuch, das ich mir vor den Körper halte, hält die Hitze nicht ab, es wird heiß wie Feuer, und ich verbrenne mir beinahe die Finger daran. Positionswechsel: Je weiter unten der Kopf ist, desto leichter lässt sich alles ertragen. Ich sitze nun nicht mehr im Schneidersitz, sondern liege flach auf den Bauch.

Der Zeitpunkt war goldrichtig, ich höre, wie sich auch die anderen auf den Boden legen. Ich bin nicht die Einzige, der die Hitze zusetzt. Das Gesicht auf den Boden drückend, suche ich nach frischer Luft zum Atmen. Doch vergeblich, auch das Gras erhitzt sich. Die Fußsohlen, die ich wegen Platzmangels in die Höhe strecke, brennen. Heute ist die Hütte gerammelt voll, wir sind sechzehn Teilnehmer, gestern waren es nur zehn, das war Luxus. Wie gepresste Ölsardinen liegen wir kreisförmig nebeneinander. Mir reicht es, es soll jemand die Tür öffnen! Japsend liege ich da, fühle mich krank und mitleiderregend, wie ein zappelnder Fisch an Land, der nicht weiß, wie lange er noch zu leben hat. Ich bin dankbar für die Finsternis in der Hütte, so kann mich wenigstens in meinem Elend niemand sehen.

Wie war das mit dem Fluss? Mist, ich denke schon wieder – abschalten, anhalten, fließen lassen! Wieso geht das denn nicht? Und wo ist die Luft? Ich sauge und keuche, der ganze Körper ist nass und fühlt sich wund und geschunden an. Dann sehe ich mit einem Mal den Fluss vor mir, das Wasser, das unaufhaltsam dahinfließt. Aber dort ist ein Damm, ein unüberwindbarer, starker Staudamm aus dicken Baumstämmen, inmitten des Flusses. Was soll dieser Damm? Wo kommt er plötzlich her? Weg da, verschwinde! Das Wasser klatscht gegen den Damm, spritzt an ihm hoch, bildet Wellen und schaumartige Gischt. Mir ist heiß, wahnsinnig heiß, so heiß, dass ich glaube, verrückt zu werden. Ächzend, wie eine alte verrostete Schaukel schwinge ich hin und her, winde mich mit verzerrtem Gesicht, schwanke auf und ab, orientierungslos, in einem Meer aus blutroter Glut und dampfenden Körpern.

Dann, endlich – mir kam es vor wie Tausende von Jahren – findet das Wasser einen Durchgang, eine Ritze im Damm. Diese wird immer größer, der Fluss reißt erst kleine, einzelne Äste mit sich, dann immer größere, und zuletzt segeln die Baumstämme im Verlauf der Strömung

flussabwärts. Ich bin mitten darin, schwimme mit, das kühle Nass umfängt mich, ich drehe mich um mich selbst, fühle mich als tanzender Fisch, bis ich endlich selbst zum fließenden Wasser werde. Ich spüre die Hitze nicht mehr, scheine ohne Atem auszukommen. Zeit und Raum lösen sich auf. Der Medizinmann schlägt die Türklappe auf, Sonnenstrahlen finden den Weg in die Hütte, der Dampf entweicht, aber es dringt kaum kühle Luft herein, dafür ist die Außentemperatur zu hoch. Es gibt eine »Wassertrink-Runde«, ich beteilige mich nicht, ich bin noch immer eingehüllt im kühlen Wasser des strömenden Flusses.

Dritte Runde: Der Schwitzhüttenleiter verlangt nach glühenden Steinen, die ihm der Feuermann hereinreicht. Die Türklappe geht zu, die Steine beginnen, vom aufgegossenen Wasser wieder zu dampfen. Der Medizinmann spricht von der Verbindung von Mann und Frau, wie die Dualität dadurch zur Einheit wird, und erzählt dazu eine überlieferte indianische Geschichte. Schon wieder ist es unerträglich heiß, und mir wird die Luft genommen, die Luftröhre abgeschnürt. Mein Herz beginnt, wie wild zu klopfen, es scheint mir, als spränge es demnächst aus meiner Brust. Hört das denn nie auf? Wo ist der Fluss? Ich muss zurück, zurück zum Fluss! Muss schwimmen, fließen, fließen, damit die Hitze aufhört!

Ich rufe nach ihm, still und leise, in mich hinein und zur Kuppel der Hütte hinauf. Bitte die Flussgeister flehend um Hilfe. Noch immer schlägt das Herz wie wild, wie ein unaufhörlicher Trommelwirbel. Ich bekomme es mit der Angst zu tun. Plötzlich ist er wieder da, der Fluss, in seiner ganzen Größe, seiner reißenden Macht. Sekundenschnell tauche ich in ihn hinein. Die Hitze nimmt ab, das Herz schlägt ruhiger, langsamer, beruhigt sich allmählich. Ich lausche der Lakota-Geschichte des Medizinmanns und versuche gleichzeitig zu fließen. Aber immer wieder verschwindet der Fluss, und mit seinem Verschwinden kehrt die Hitze zurück und somit das schnelle, heftige Pochen meines Herzens – ruhig, nur ruhig, mein Herz. Lasse uns zum Wasser gehen, eintauchen, mitten in die Wellen, in die fließende Strömung. Der Fluss taucht auf, reißt mich mit, zieht mich unter die Wasseroberfläche, lässt mich atmen wie einen munteren lebendigen Fisch inmitten von kühlem dunkelblauem Wasser. Ich konzentriere mich auf die Worte des Erzählers, spitze meine Ohren, will die Geschichte zu Ende hören. Als hätte der Fluss etwas dagegen, verschwindet

er, entzieht sich mir, zerreißt die Verbindung und schlägt mir die feurige Hitze der glühenden Steine gnadenlos entgegen. Ich glaubte für einen Augenblick, verbrennen zu müssen. Aber in diesem Moment beendet Mato seine Erzählung und schlägt die Decken zurück. »Kommt heraus, legt auch ins Gras, verbindet euch mit Mutter Erde«, fordert er uns auf.

Wir erheben uns und kriechen einer nach dem anderen im Uhrzeigersinn aus der Hütte. Auch wenn es draußen um die 20 °C warm ist, fühlen wir, wie sich der Körper abkühlt, wie die Lebensgeister zurückkehren. Sogar das Gras fühlt sich angenehm kühl an und tut wohl auf der geschundenen Haut. »Verbindet euch miteinander, nehmt euch in die Arme«, spricht Mato. Es ist erst ein komisches Gefühl, fremde, unbekannte Leute zu halten, zu umarmen, zu spüren, aber wenn man sich darauf einlässt, fühlt es sich sehr gut an. Ich wusste nicht, dass ich so etwas kann, aber es ist ganz leicht. Und man spürt eine spezielle Art der Verbundenheit. »Wer noch etwas trinken will, der kann dies nun tun, bevor wir wieder in die Hütte kriechen.«

Beginn der vierten Runde: Heiße Steine, Wasser, Dampf. Nach dem Abkühlen muss jetzt wieder eingeheizt

werden. Es wird eine stille Runde, es geht nun darum, ganz bei sich selbst zu bleiben. Mato singt und trommelt. Ich darf zum Fluss zurück, die Flussgeister haben nichts dagegen, sie empfangen mich. Es scheint mir, als fließe der Fluss im Takt der Trommel, als würde er rhythmische Wellen schlagen. Ich empfinde es angenehm in der Hütte, nur das Stöhnen, Husten und Keuchen von anderen lässt mich zwischenzeitig erahnen, wie anstrengend und zermürbend die Hitze sein muss. Die Runde geht schnell vorüber, Mato beendet die Zeremonie für heute. Beim Hinauskriechen fühle ich mich gut, energiegeladen, könnte tanzen, toben, Bäume ausreißen. Aber es ist still um mich herum, es wird kaum gesprochen, man ruht sich aus, liegt erschöpft auf der Wiese oder kühlt sich im Weiher, einige Meter vom Schwitzhüttenstandort, ab. Ich schütte einen halben Liter Wasser in mich hinein.

Dritter Tag

Heute gibt es eine Mittags-Inipi. Nach einem ordentlichen Frühstück stehen wir um zwölf Uhr bereit zum Abräuchern vor der Hütte. Es nieselt. Mich fröstelt es in meinem dünnen T-Shirt. Ich hätte nicht im Traum daran gedacht, dass ich mich freuen würde, die Hütte betreten zu dürfen, aber heute wird eine Ausnahme dieser Regel gemacht. Und sei es auch nur, um mich aufwärmen zu können. Da ich so allmählich »den Dreh raus habe«, wie sich die Hitze mithilfe der Geister am besten ertragen lässt, überstehe ich die Runden einigermaßen gut. Heute wird nicht sehr viel gesprochen, die intensiven Hüttenzeremonien fordern langsam ihren Tribut und zehren auch an den Kräften des Medizinmanns.

Das heutige Thema ist Heilung und Danken. Jeder bittet laut der Reihe nach um Heilung für sich selbst und in einer weiteren Runde für Heilung eines nahestehenden Menschen oder für die Erde allgemein. Dabei sollen wir eine andere Form des Gebets anwenden: die Vorstellung, dass die Bitte bereits erfüllt sei. So bekommt das Gebet eine andere Schwingung, eine spezielle Frequenz, die eine sehr kraftvolle Energie innehat.

Die dritte Runde soll intensiv werden, Mato ordnet an, dass neue heiße Steine hereingebracht werden, die er, sobald sie in der Grube liegen, mit Wasser begießt. Der Dampf steigt auf, die Hitze breitet sich aus, legt sich bleischwer und glühend auf uns nieder. Eine Teilnehmerin erzählt kurz nach der Türschließung von ihren Ahnen, von denen sie den Auftrag erhalten hatte, dass wir für den Medizinmann beten sollen. Mato gibt dazu sein Einverständnis. Als hätten die Geister und Ahnen ihre Hände im Spiel, wird es in der Hütte noch heißer, erbarmungslos heiß. Ein voll aufgedrehter Backofen ist nichts dagegen. Der gesamte Platz in der Hütte wird bis auf den letzten Quadratzentimeter ausgenützt, wir liegen dicht an dicht, Körper an Körper, flach auf dem Boden, mit der Hoffnung auf ein wenig Abkühlung. Jeder kämpft für sich, und doch spürt man die Einheit mit allen. Der Feuermann beginnt in gut verständlicher Lautstärke, sein Gebet für Mato auszusprechen. Während einer nach dem anderen in kurzer oder langer Form ein Gebet an den Medizinmann richtet, rotiert es in meinem Hirn.

Mir fallen keine Worte ein. Es ist viel zu heiß, um rational denken zu können. In meinem Kopf dreht sich alles. Ich spüre, wie sich das Blut stockend durch die Adern meines Kopf schleppt, dickflüssig und zäh. Ein unmögliches Unterfangen, in einer solchen Situation einen klaren Gedanken fassen zu können. Ich gebe es auf und lausche den poetischen Worten anderer. Zum Glück ist es stockdunkel, ich setze mich auf, um besser sprechen zu können, eine Woge glühender Hitze schlägt mir entgegen, als hätte ich die Tür eines brennenden Hauses gedankenlos geöffnet und müsste sofort dafür büßen.

Den Kopf zwischen den Knien vergraben, schaukle ich meinen Körper hin und her, halte ihn mit den Armen fest umschlungen. Als eine Teilnehmerin zu sprechen aufhört, nehme ich meine ganze Kraft zusammen, besser gesagt die, die noch übrig ist. Der Schweiß rinnt mir in die Augen, woraufhin diese sofort zu brennen beginnen, als hätte ich frische Zwiebeln geschnitten. Ich lasse mich davon nicht beirren und beginne mit dem Gebet in Matos Richtung. Ich erschrecke beinahe vor meiner eigenen Stimme, die sicher und fest klingt. Ich wünsche ihm kraftvolle Energie, nie versiegende, fließende Energie und stets eine Portion Humor. Mehr fällt mir nicht ein. Aber vielleicht ist weniger auch mehr. Der letzte Teil ruft ein fröhliches Lachen hervor. Und ich merke, wie die Hitze erträglicher wird.

Als alle gesprochen haben, bedankt sich der Medizinmann und gibt bekannt, dass die vierte Runde im Weiher stattfinden soll. Normalerweise begeistern mich solche Aktionen gar nicht, vor allem, wenn sie einen Befehlscharakter haben. Kaltes Wasser ist absolut nicht mein Ding, auch nicht nach den heißesten Schwitzhüttensessions. Aber diesmal ist das anders, ich sehe plötzlich Bilder von mir, die mich erst auf dem Steg zeigen, und kurze Zeit ins Wasser springen lassen. Keinerlei Gefühle, weder Abneigung noch Wohlgefallen. Vielleicht eine Art Gelassenheit. Diesen Zustand kannte ich bisher nicht. Wir dürfen die Hütte verlassen und begeben uns auf allen Vieren zum Ausgang. Als ich draußen bin, müssen sich mein Augen erst wieder an die Helligkeit gewöhnen, ich blinzle zum Himmel hinauf. Dunkle Wolken, soweit das Auge reicht, der Regen macht gerade eine Pause. Ich genieße die frische feuchte Luft mit jeder Zelle meines Körpers, wälze mich genüsslich darin, spüre wie die Hitze langsam aus mir entweicht. Das klatschnasse T-Shirt, das an meinem Oberkörper klebt, fühlt sich angenehm an. Dann schrecke ich aus meinen Träumereien hoch und mache mich schnurstracks auf den Weg in Richtung See, den anderen hinterher.

Das Bild, das sich mir bietet, amüsiert mich. Ein paar wenige rudern mutig mit kräftigen Schwimmbewegungen im Wasser, während andere vorsichtig ihre Zehenspitzen ins kühle Nass strecken, um dann Zentimeter für Zentimeter langsam hineinzuwaten. Ein kleines Grüppchen steht trotzig an Land und weigert sich, der Aufforderung Folge zu leisten. So ähnlich hätte ich wohl auch dagestanden, wären da nicht diese Bilder gewesen. In diesem Moment kommt wie durch ein Wunder die Sonne heraus, ihr Licht bahnt sich den Weg durch die dunkelgrauen Wolken. Die blendend hellen Strahlen lassen das Wasser glitzern, zaubern Millionen von blinkenden Sternen auf die mit Wellen versehene unruhige Oberfläche des Weihers – eine wunderschöne und mystische Stimmung.

Wie in der Vision stelle ich mich an den Rand des Stegs, den Körper stockgerade haltend und die Arme wie ein Vogel ausgebreitet. Einen letzten tiefen Atemzug nehmend, springe ich mit der noch immer anhaltenden Gelassenheit ins Wasser. Dabei sehe ich vor mir Bilder, die mich als etwa fünfjähriges Kind zeigen. Damals hatte ich es genau so gemacht, bis ich irgendwann eine Scheu und Abneigung gegenüber kaltem Wasser entwickelte. Das Wasser ist angenehm, ich spüre weder Kälte noch Wärme, es umschlingt meinen Körper, zieht mich herunter, hält mich sekundenlang fest, um mich bald darauf wieder freizugeben. Ich schwimme nach oben, tauche auf, schüttle meinen Kopf und befinde mich plötzlich inmitten eines großen Sternenmeeres, um mich herum funkelt und glitzert es.

Durch johlende Rufe werde ich aus meinen Gedanken gerissen und paddle zum Steg zurück. Erst jetzt bemerke ich, wie kalt das Wasser wirklich ist und hätte vor Schreck fast aufgeschrien, schnell klettere ich die Holzsprossen hoch, hinauf auf den Steg. Augenblicklich, als wäre es so geplant, verschwindet die Sonne hinter dicken düsteren

Wolken. Am ganzen Körper zitternd, wickle ich mich in das Badetuch ein. Doch ich fühle mich gut, ich habe mit dem kalten Wasser Frieden geschlossen.

Vierter Tag

Um vier Uhr morgens quäle ich mich aus dem Bett. In einer halben Stunde muss ich auf dem Hüttenplatz stehen. Heute wird gestorben – und neugeboren. Die Transformation steht an. Es ist noch dunkel, der einzige Lichtpunkt ist das hohe Feuer, das unten auf dem Platz brennt. Lodernd und knisternd schießen die Flammen in den nachtschwarzen Himmel. Der kräftige Wind lässt die Funken sprühen, er treibt die Hitze Richtung Norden. Die Funken tanzen wie Sterne durch die Nacht, bevor sie in der Kälte verglühen. Der Himmel ist wolkenlos, es ist ein kalter und klarer Morgen.

Wir stehen bibbernd und von einem Bein auf das andere hüpfend vor der Hütte und warten ungeduldig auf das Abräuchern. »Um halb Fünf ist Zeremoniebeginn, wer zu spät kommt, bleibt draußen«, hat Mato gestern ernst verkündet und genau so gemeint. Normalerweise ist er tolerant, aber nicht, wenn es um wichtige Dinge geht. Erwartungsvoll sitzen wir kreisförmig in der Hütte, wieder dicht an dicht.

Nach der ersten Runde und dem »Geisterhereinbitten«, geht es in der zweiten Runde ans Sterben. Der Medizinmann lässt nochmal Steine hereinbringen, diesmal gießt er das Wasser nicht nur über die glühenden Brokken, sondern lässt es unter diese rinnen. So verdampft es nicht sofort, sondern bildet unter den Steinen, an der tiefsten Stelle der Grube eine Pfütze, es wird immer heißer und sorgt für quälende, langsam aufsteigende Hitze. »Jemand, der diese Methode anwendet, ist ein ganz gemeiner Hund«, erklärt Mato und lacht dabei aus vollem Hals. Das Sterben will er uns nicht so leicht machen. Aber dafür sind wir ja auch nicht hier – um es leicht zu haben. Wir sollen uns symbolisch den Tod vorstellen, vorstellen, wie wir getötet, zerschmettert, zerstückelt werden.

Die beschriebene Wassermethode verfehlt ihre Wirkung nicht. Ich komme mir vor wie auf einem Schlachtfeld, auf dem Soldaten unbarmherzig mit Flammenwerfern alles niedermachen, was sich ihnen in den Weg stellt. Auch der Gedanke an die Hölle und das immer größer und heißer werdende Fegefeuer ist nicht weit entfernt. Lichterloh brennend und mit tausend tanzenden Punkten vor den Augen liege ich da und sauge die Luft mit spitzen Lippen, wie durch einen Strohhalm, aus der Erde und in mich hinein. Eigentlich will ich nicht sterben! Nicht einmal symbolisch! Was tue ich überhaupt hier? Ich will leben! »Jetzt wird gestorben!«, ruft der Medizinmann mit einer raunenden Geisterstimme in die Hütte hinein und gießt noch mal Wasser auf. Seine Worte hallen in meinem Kopf, bestimmt und flüsternd wie der säuselnde Wind, immer wieder von vorn, unaufhörlich. Wenn es etwas bringen würde, würde ich mir die Ohren zuhalten.

Mein Körper glüht, brennt, flackert und züngelt wild. Mit einem Mal wird er selbst zu Feuer, steigt immer weiter empor, heiß und lodernd, taucht funkensprühend und mit wilden Flammen um sich schlagend hinein in die dunkle Nacht. Er schießt mit rasanter Geschwindigkeit, einer Rakete gleich, hinauf zum rabenschwarzen Himmel, färbt ihn glühend Rot und Goldgelb, bis er sich schließlich in Rauch auflöst. Nun wird es taghell unter meinen Augendeckeln, ein weißes gleißendes Licht erfüllt die Hütte. Träume ich? Hallo? – Aufwachen!

Unter großer Anstrengung hebe ich meinen bleischweren Kopf, öffne blinzelnd die Augen. Die Türklappe ist noch immer geschlossen, es dringt kein einziger Lichtstrahl hindurch, nicht einmal das Glühen der Steine ist sichtbar, dennoch ändert sich das Bild nicht. Das grelle weiß-silberne Licht leuchtet die Hütte aus, als hätte jemand helle, blendende Scheinwerfer aufgestellt. Ich sehe, wie die anderen zusammengerollt und gekrümmt am Boden liegen und ihre Körper mit Tüchern schützen. Spinne ich? Es ist stockdunkel! Das kann nicht sein! Deutlich erkenne ich den Medizinmann, er sitzt bewegungslos und schwach atmend da. Dann richtet er sich langsam auf, dreht sich zur Tür um und schlägt die Türklappe auf. Damit verschwindet das weiße Licht und macht dem halbdunklen Schein der Morgendämmerung Platz. (Später sprach ich Mato auf diese seltsame Erscheinung an. »Das machen die *Spirits*. Das ist ihre Magie, die sich auch die Wissenschaftler nicht erklären können«, erklärte er schmunzelnd. Gehört oder gelesen hatte ich schon davon, aber es zu erleben, war etwas ganz anderes.) »Nachdem ihr nun gestorben seid, dürft ihr aus der Hütte kriechen und spüren, wie sich tot sein anfühlt«, grinst Mato und entlässt uns für ein paar Minuten in die kühle Morgenluft. Auf dem Rücken liegend und mit dem Badetuch bedeckt, spüre ich das weiche nasskalte Gras unter mir, das meinem wunden Körper eine herrliche Abkühlung beschert.

Der Himmel ist wolkenlos, ich schau hinauf in das morgendliche Zwielicht, am Horizont sieht man einen gelblichen Streifen sich langsam ausdehnen. Meine Sicht verschwimmt zunehmend, es dreht sich alles um mich herum, der Himmel breitet sich aus, wird weiter, größer – unendlich. Es entstehen weiße Wolken am halbdunklen Himmel, sie bilden einen Pfeil, der nach Süden zeigt. Wie ein Kompass, in dem sich mehrere Nadeln überkreuzen, verwandelt sich der eine Pfeil in mehrere kreuzende Pfeile, die die vier Himmelsrichtungen anzeigen. Es kommen weitere Pfeile hinzu, welche die vorangehenden wiederum überkreuzen. So werden nun auch die Zwischenrichtungen Nordosten, Nordwesten, Südosten und Südwesten dargestellt. Zu diesem seltsamen Bild vernehme ich, mitten in die morgendliche Stille hinein, eine klare Stimme: »Es gibt keine richtige Richtung, jede Richtung ist die richtige. Die Richtung spielt jetzt keine Rolle mehr. Jede Richtung, jeder Weg führt zum Ziel, weil der Weg letztlich das Ziel ist.« Ich hebe meinen Oberkörper und blicke zu Mato hinüber, um festzustellen, ob die sonderbaren Worte von ihm stammen. Aber er liegt genauso still und in sich gekehrt im Gras wie alle anderen. Also lege ich mich wieder hin und sinniere über die Worte nach, verstehe jedoch den Sinn nicht. Jede Richtung ist die richtige. Was soll das denn bedeuten?

Einige Minuten später höre ich Matos Stimme: »Es ist Zeit, neugeboren zu werden. Stellt euch beim Betreten der Hütte vor, durch eine Art Geburtskanal zu rutschen. Wenn wir nach dem Ritual aus der Hütte hinaustreten, werden wir geboren«, erzählt Mato. Das ist der Anbruch der dritten Runde. Diese fühlt sich, obwohl der Medizinmann wieder Wasser unter die Steine rinnen lässt, weniger heiß an als zuvor.

Der Weg der Neugeburt fällt mir leicht, ich habe immer wieder das Gefühl, zu schweben, mich schwerelos bewegen zu können, die Hitze drückt mich seltsamerweise nicht zu Boden, wie ich das gewohnt bin. Ich bleibe im Schneidersitz aufrecht sitzen und atme die warme Luft langsam ein. Kein Brennen in der Kehle, kein Hecheln nach Luft, ein freies und tiefes Atmen. Kein Glühen auf der Haut, sondern ein warmes Umfangen, ein Einhüllen, das von den glühenden Steinen ausgeht, eine andere, aber sehr tiefe Art von Geborgenheit, ein Verbinden mit dem Feuer, ohne Leiden, ohne Schmerz, ohne Qual, ein Annehmen von dem, was ist, wie es ist.

In der vierten Runde sollen wir Dank aussprechen: dafür, geboren worden zu sein und leben zu dürfen. Wir danken für alle Erfahrungen und Erlebnisse, die uns zu dem gemacht haben und auch in Zukunft zu dem machen werden, was wir sind. Wir danken auch für Krankheiten, Krisen und schwierige Zeiten, die uns geformt haben. Wir danken ohne Wertung, ohne in gut und schlecht, richtig und falsch zu unterteilen. Der innere Meister wird geboren, gefunden, erkannt und angenommen. Wieder sprechen wir die Worte: »Ich bin das ›Ich bin‹.« Auch diese Runde geht ohne größere Schwierigkeiten vorüber. Wie es den anderen ergangen ist, kann ich im Nachhinein nicht sagen. In dieser Phase ist man sehr mit sich selbst beschäftigt.

Als wir gereinigt und neugeboren die Hütte verlassen dürfen, ist es schon taghell, die Sonne schickt ihre wärmenden Strahlen großzügig vom Himmel. In Bademäntel eingepackt und mit Badetüchern umschlungen stehen wir noch lange schweigend ums Feuer. Was das für ein Gefühl ist, neugeboren zu sein? – Ich weiß es nicht.

Körperlich fühlt es sich nicht anders an als heute Morgen. Ich empfinde eine seltsame Art von Ruhe und Frieden. Aber ich spüre deutlich, dass sich in meinem Inneren etwas getan hat, auch wenn ich es zu diesem Zeitpunkt nicht mit Worten oder Erklärungen auszudrücken vermag. Es scheint, als wäre mir der innere Meister ein Stück nähergerückt.

Ein halbes Jahr nach dieser Zeremonie schließe ich, dass die Schwitzhütte ein Meilenstein in einem Prozess war, in dem es um das Annehmen meines Weges, meines Seins und Werdens geht, um das Erkennen, worauf es im Leben ankommt. Im Nachhinein habe ich die Worte, die von der »richtigen Richtung« handelten, verstanden und verinnerlicht.

Auch wenn der Kampf und Widerstand gegen das Annehmen phasenweise noch anhält, so wurde durch die Schwitzhütte eine entscheidende Weiche gelegt. Und dafür bedanke ich mich bei den Menschen und den Geistern, die mich in diesem Prozess begleiten, und bei all jenen, die es mir nun ermöglichen, dass diese Zeilen den Weg in die Öffentlichkeit finden, allen voran Sabrina für ihr Buch.

Nachwort

Bei einer Intensivwoche für Schwitzhüttenleiter vom 4. Oktober bis zum 9. Oktober 2009 wurde von den drei teilnehmenden Frauen die Idee geboren, ein Buch über Schwitzhütten zu schreiben. Ich leitete zum ersten Mal Kurse in dieser Art. Die ganze Zeit über war das Buch immer wieder Thema. Am Ende der Woche, als ich mich auf die Medizinhütte vorbereitete, bekam ich von meinen Verbündeten den Auftrag, dieses Buch zu schreiben – mit dem Titel dazu. Am Sonntag, dem 10. Oktober 2009, setzte ich mich hin und begann zu schreiben.

Heute ist Mittwoch der 21. Oktober. Und ich bin mit meinem Teil des Buchs fertig. Es fehlen jetzt noch die Erzählungen meiner Co-Autoren. Dieses Buch wollte geschrieben werden. Mir kam es in diesen Tagen so vor, als hätte die Anderswelt nur ein paar Finger gesucht, die sie bewegen kann.

Ich wünsche mir, dass dieses Buch zu einem besseren Verständnis für die Bedürfnisse der Menschen, sich mit Schwitzen zu reinigen, beiträgt. Auch und vor allem spirituell und rituell gesehen, ist der Wunsch, sich zu reinigen, zu befreien, loszulassen, in unserer heutigen Gesellschaft sehr stark vorhanden.

Für mich persönlich ist es wichtig, meine ganz eigene Verbundenheit mit den Wesen meiner Heimat dabei einzubringen. Die Hüter des Tals, in dem ich lebe, sind mir näher, als der Geist des heiligen Berges der Lakota oder eines anderen Volkes.

Ich denke, hier liegt auch der sensible Punkt, der immer und immer wieder zu Unstimmigkeiten zwischen nordamerikanischen *Natives* und Europäern, die »echte indianische Schwitzhütten« anbieten, führt. Ich möchte mit diesem Buch eine Anregung geben, wie Schwitzhütten für unsere heutige Zeit, hier in unserer Heimat abgehalten werden können.

Ich freue mich, wenn du lieber Leser, der du dieses Buch bis zum Schluss gelesen hast, deinen ganz eigenen Ruf, in den Bauch von Mutter Erde zu kommen, hörst. Bei den Liedern der demnächst erscheinenden CD haben wir uns Gedanken gemacht, wie diese klingen sollen. Wir haben uns dazu entschieden, sie so natürlich (schwitzhüttenecht) wie möglich aufzuzeichnen. Der Gesang entspricht in keiner Weise einer musikalischen Höchstleisung, sondern soll Mut machen, die Lieder mit der eigenen Stimme, so, wie sie eben klingt, zu singen.

Viel Spaß beim gemeinsamen Schwitzen und Singen,
Herzensgruß
Sabrina Dengel

Über die Autorin und ihren Mann

Sabrina Dengel, geboren 1970 in Vorarlberg: Schon immer spürte ich eine tiefe Verbundenheit zur Natur und ihren Wesen. Vertrauensvoll lasse ich mich von den geistigen Welten führen. Viele Lehrer aus verschiedenen Kulturkreisen haben mich auf meinem Weg begleitet und tun es immer noch. Ich möchte hier auf eine chronologische Auflistung meiner Erfahrungen verzichten, weil diese keinerlei Aussage über meine heutige Arbeit zulassen. Ich bin in ständiger Veränderung, im Fluss des Lebens, so verändert sich auch vieles, was ich tue, und ich lerne, immer mehr zu verstehen, was ich bin. Dennoch möchte ich hier einigen Menschen von Herzen danken. Buckshoot Knight/Lakota, South Dakota, Ben old Feather Cloud/Crow Montana, Jeanne Ruland, Antara Reimann, der »alamannischen Brauchtumsgemeinschaft«, meiner Tante Esther und allen anderen Menschen, die mir in meinem Leben begegnen, sowie meiner Familie. Ihr seid meine täglichen Lehrer.

Mein Arbeitsschwerpunkt im *Trafo Seminarhaus* sind der offene Trommelabend, schamanisches Arbeiten, die Lerngruppe und Erd- und Medizinhütten.

Marcel Dengel, geboren 1967 in Vorarlberg: Ich bin ich – so gut ich das kann und das am besten jeden Tag. Das ist gar nicht so leicht, aber es geht mal so und mal so.

Jede Art von Material, ob Stein oder Holz, Metall oder Leder regt mich an, etwas daraus zu erschaffen: Trommeln, Skulpturen, Bilder, ewige Lichter und noch so manches mehr. Als ausgebildeter NLP-Master und Mediator kommuniziere ich am liebsten über die Formen, die mit den Händen und mit der Ausdrucksvielfalt des eigenen Seins erarbeitet werden. Mein Schwerpunkt liegt im künstlerischen und im handwerklichen Bereich und der drückt sich im ganzen Trafo aus. Den Trommelbau und die Männergruppe zu begleiten, macht mir viel Freude. Weiter Informationen unter: www.trafo.or.at

Über die Co-Autoren

Esther Kaufitsch

Esther lebt im Westen Österreichs in der Stadt Dornbirn. Sie ist glücklich geschieden, hat einen erwachsenen Sohn namens David und lebt mit ihrer Tochter Fiona in einem kleinen Hexenhäuschen am Rand der Stadt. Schon früh hörte sie von ihrer Oma Geschichten über Elfen, Engel und Kobolde. Sie hatte von Anfang an Bezug zur Natur. Täglich begab sie sich mit ihrer Großmutter in den Garten, und so lernte Esther sozusagen aus erster Hand. Sie war immer ein kontaktfreudiger Mensch, darum wählte sie das Gastgewerbe als ihren Arbeitsbereich. Viele Jahre beschäftigte sie sich neben Kindererziehung und ihrer Arbeit mit den Themen Kulturgeschichte der Alamannen und Kelten, Traumarbeit, Reiki, Geistheilung und vielem mehr. Ihr liebstes Thema aber war der Mensch. Ihn und seine Belange nahm sie immer sehr ernst. Sie leitet mit Liebe Schwitzhütten, singt gern Runen, erzählt Geschichten und hilft Menschen auf ihrem Weg.

Antara Reimann

Geboren 1955 in Duisburg erlebte sie selbst in ihrem sehr logisch orientierten Beruf der EDV-Kauffrau das Menschliche und Magische. Alles steht in Verbindung, alles beeinflusst und verändert sich gegenseitig. Schon bald entdeckte sie die Fähigkeit, die Computer intuitiv zu verstehen, selbst Probleme der Hardware intuitiv zu erkennen und »Vereinbarungen« mit den Computern zu schließen. Sie begriff, dass in allem eine »Seele« steckt.

In ihr wuchs immer stärker der Wunsch, intensiveren Kontakt zu Menschen und der Natur zu haben. Neugierig geworden auf die vielen Aspekte des Lebens, folgte Antara Reimann der Spur ihrer geistigen Führung hin zu vielen spirituellen Angeboten, die sie studierte, um dann die für sie sinnvolle Essenz in ihr Leben zu integrieren.

Ihre Hingabe gilt dem schamanischen Weg. Den Anfang machten keltisch-germanischen Jahresfeste, die sie seit 1995 zelebriert. Über den langjährigen Kontakt und die Freundschaft zu Angehörigen der Crow und Lakota aus Montana lernte sie die indianischen Zeremonien kennen und schätzen. Später wandte sie sich dann aber wieder den europäischen Wurzeln zu.

Think globally, act locally ist eine ihrer Lebensregeln. In jeder Tradition und jeder Kultur gibt es etwas, was uns begeistert, weiterbringt und unterstützt. Und doch leben wir dort, wo wir zu Hause sind, eingebunden in das dort wirkende Energiegeflecht. Das Bereichernde im anderen zu erkennen, sich inspirieren zu lassen und das Gute im eigenen Lebensfeld zu stärken, ist der Antrieb für ihren eigenen Weg.

1994 gründete Antara Reimann den *Licht-Focus*, ein spirituelles Zentrum für ganzheitliche Entwicklung. Seit 2001 lebt sie mit ihrem Partner Peter Thelen und ihrem Sohn Raphael glücklich in Neustadt/Wied in der Nähe von Bonn im nördlichen Westerwald. Als anerkannte schamanische Heilerin führt sie schamanische und energetische Aus- und Weiterbildungen durch. Für viele Menschen war die Ausbildung im Licht-Focus die Basis für eine erfolgreiche Entwicklung. Gemeinsam mit ihrem Partner bietet sie regelmäßig Schwitzhütten in der Drachenhöhle und Jahresfeste an. Außerdem unterstützt sie Menschen bei der Herstellung von rituellen und magischen Gegenständen, wie Trommeln, Rasseln, Kraftstäben und Schutzgewändern. »Das Leben ist lebendig und veränderlich wie eine Welle – also lernt surfen«. Diese Ansicht gibt ihr den Mut, mit offenem Herzen und einer gehörigen Portion Humor den Aufgaben, die für sie vorgesehen sind, zu dienen.
Weiter Informationen unter: www.lichtfocus.de und www.spur-der-schamanen.de

Jeanne Ruland

Ich wurde 1966 in München geboren und erlebte viel auf meinem bisherigen Lebensweg. Von Kindesbeinen an gilt meine große Liebe der Natur, den Felsen, Wäldern, Wiesen, Bächen und ihren Wesenheiten. Der Weg selbst führt mich zu Situationen und Umständen, in denen ich lernen und wachsen kann. Meine Erkenntnisse und Erfahrungen gebe ich in Büchern und Seminaren weiter, weil wir uns, wenn es die große Fügung will, alle ein Stück auf dem Weg begleiten.

Es gibt Menschen, die treffen wir aus einem bestimmten Grund, Menschen, die uns ein langes Stück des Weges begleiten und Menschen, die ein ganzes Leben mit uns verbringen. Loslassen, weitergehen und zu wissen, dass alles, was war und was ist, genau so richtig ist, wie es ist, ist eine große Kunst.
Weiter Informationen unter: www.shantila.de

Georg O. Gschwandler

Aufgrund einer schweren spirituellen und gesundheitlichen Krise unternahm Georg O. Gschwandler mehrere Reisen nach Lateinamerika, in der Hoffnung, dort seine eigene Mitte zu finden und die Harmonie in seinem Inneren wiederherzustellen. Im Zuge dessen wurde er 1998 nach mehreren Aufenthalten von den Shuar-Indianern in Ecuador zum Schamanen und in Mexiko als einer von nur zwei Weißen zum Curandero, zum Heiler, ausgebildet. Seit 2001 lebt er als selbstständiger Curandero und Human energetiker im österreichischen Burgenland und bietet Heiler-Seminare und Kurse besonders für Personen aus dem Pflege- und Sozialbereich an.

Danksagung

Mein Herzensdank gilt meinen Verbündeten aus der Anderswelt, den geistigen und spirituellen Kräften, die mich seit vielen Jahren führen und lehren. In dieser alltäglichen Welt empfinde ich große Dankbarkeit den Menschen gegenüber, die mich seit Jahren ein kleines oder auch größeres Stück meines Weges begleiten, bzw. begleitet haben. Besonders bedanken möchte ich mich hier bei Ulrich Buchholtz, Walruna und Brandolf von der alamannischen Brauchtumsgemeinschaft Vorarlberg, Big Star Moses, Jody T. Gaskin, Buckshoot Knight, Ben old feather Cloud, Heidi und Georg O. Gschwandler, Roland und Ulla Scholz sowie ganz besonders bei meiner Familie, bei meinem Mann und meinen drei Söhnen, die schon einiges aushalten müssen mit mir. Spezieller Dank gilt meinen Co-Autoren.

Einige Bilder in diesem Buch sind von Murat Karacay. Für das geniale Cover möchte ich mich an dieser Stelle von Herzen bei dir, Murat, bedanken. Allen Menschen, die mit ihren persönlichen Erfahrungsberichten zu diesem Buch beigetragen haben, danke ich für ihr Vertrauen und für ihre Bereitschaft, ihre Erfahrungen mit anderen Menschen zu teilen.

Bildnachweis

Seite 11: Murat Karacay
www.spiritualmedia.de

Seiten 15, 104, 216 und 220: Andreas Ender,
www.grossartig.at

Seite 54: Araalia

Seite 46, 50, 55, 57 und 191: Bowyer,
www.mariagila.com

Seite 58: Günter Richter, www.masters-of-light.com

Seite 129, 131, 134, 137 und 139: Antara Reimann,
www.lichtfocus.de

Alle anderen Fotos stammen von Marcel Dengel, Murat Karacay, Jeanne Ruland sowie von Besuchern unserer Schwitzhütten und Spiritcamps.